Thank You For
Being Together.

" 함께해줘서 고마워 "

Contents

GREETING

공동체적 자아를 처음으로 실감한 건 4살 때였다. 그 해 동생이 태어난 것이다. 이전까지 집안의 사랑을 독차지한 '외동딸'이었던 나는, 그 뒤로부터 두 자매의 '맏이'가 되었다. 초반에는 주변의 관심이 동생에게 더 쏠리는 것 같아 서럽기도 했다. 그래도 시간이 갈수록 동생은 선물 같은 존재로 내 안에서 반짝였다. 함께한다는 건, 이처럼 서로 다른 각자가 모여 특별한 하나가 되는 과정 아닐까.

반려동물의 입양을 결심하고 또 품에 안은 순간 공동체적 자아는 다시금 확장된다. 일상을 나누는 반려동물과의 하루하루는, 동생과의 추억이 많은 나에겐 익숙한 즐거움의 서사였다. <mellow> 2호에서는 홀로 지내던 강아지가 토끼 동생을 만나 남매가 되고, 고양이는 앵무새 친구를 만나 가족이 되는 이야기들을 담았다. 그들도 처음엔 낯설고 사랑의 총량이 반으로 줄어드는 것 같은 상실감을 겪었을지 모른다. 하지만 시간이 지날수록 사랑의 총량은 배가된다는 걸, 연(緣)은 크나큰 선물로 안겨진다는 걸 깨달았을 것이다.

따스한 봄 출간된 두 번째 mellow는 함께일 때 더 채워지는 온기에 관해 말하려 한다. 혼자보단 둘이 좋고, 둘보단 서넛이 좋은 다복한 반려동물들과 그들의 반려인을 보며 함께의 의미를 되새긴다. 작은 생명들을 품에 안으며 좌충우돌, 희로애락을 누리는 다견 다묘 반려인들의 삶을 함께 응원해 주시길 바라며.

디렉터 **김은진**

All About Shiba

시바를 알리다

"널리 인간세계를 이롭게 하라." 기원전 2333년, 단군이 고조선을 건국하며 내세운 이념이다. 그리고 2천 년이 넘는 시간이 흐른 지금, 인간보다 더 순수한 마음으로 세상을 이롭게 하는 녀석들이 나타났다. 널리 시바 세계를 이롭게 한다는 '홍익시바(弘益柴犬)'의 시대가 도래한 것이다.

글·사진 오다경 @xoxo_1001000 / 에디터 조문주

안녕하세요, 백두와 천지를 인터뷰하게 되어 기뻐요. 소개 부탁드릴게요.

안녕하세요. 용인에서 거주 중인 백두천지네 입니다. 남편과 저, 그리고 4살배기 시바견 백두와 천지가 함께 살고 있죠. 저는 딩펫족의 '엄마'를 맡고 있는 오다경이라고 합니다. 이렇게 좋은 기회로 인터뷰를 할 수 있게 되어 행복하고 설레요. 인터뷰 기회를 주신 멜로우 관계자분들께 백두천지네를 대표해 감사 인사를 전합니다.

시바견의 매력에 빠지면 헤어나오기 힘들다고 들었어요. 두 마리를 함께 기르게 된 계기가 있나요?

결혼과 동시에 친정과 떨어져 살게 되면서 이전과 달라진 생활에 적응이 힘들었어요. 부모님과 친정집에 있는 강아지가 보고 싶다며 밤새 울고 그리워하는 날이 많았죠. 그런데 어느 날 남편이 잠시 들를 곳이 있다며 나가자는 거예요. 알고 보니 강아지를 보러가는 거였어요. 그 뒤엔… 다들 예상하셨겠지만 그날 이후 저희는 시바견 두 마리와 함께 사는 다견 가정이 되었어요(웃음). 진짜 강아지를 보러만 가는 건 줄 알아서 특정 견종을 유심히 봤던 것은 아니었는데, 많은 아이 중에 유독 우리 백두천지가 눈에 띄게 예쁘고 사랑스럽더라고요. 두 마리를 기르게 될 거라고는 전

혀 예상을 못 했는데, 강아지를 절대 기르지 않을 거라던 남편에서 한 마리는 외롭다며…(웃음). 백두, 천지와의 첫 만남은 "저 개는 내 개다"하는 운명적인 만남이었다고 회상하고 싶네요.

무엇이든 함께하는 모습이 인상적이에요. 천지와 백두가 서로를 많이 아끼는 거 같아요.

지금은 서로 우애가 깊지만 처음부터 그런 모습은 아니었어요. 처음엔 눈만 마주쳐도 싸우더니 급기야 피를 볼 정도로 싸우는 일이 잦아졌죠. 저희는 그것을 '백두천지 유혈사태'라 불러요. 잦은 유혈사태로 인해 툭하면 병원 가기 일쑤였거든요. 당시 백두천지 진료차트를 보면 백두천지 싸움, 백두천지 또 싸움이라고 차트에 여러 줄이 적혀있어요. 그렇다 보니 합사 초반에는 밥과 간식을 급여할 때, 노즈워크를 할 때, 그리고 잠을 잘 때에는 각자 울타리에 들어가 분리된 생활을 했어요. 그렇게 몇 개월에 거쳐 여러 규칙들이 생겨났고, 아이들은 각자의 위치에서 적응하는 시간을 보냈어요. 고맙게도 곧잘 적응하더라고요. 그렇게 6개월 이후부터는 마찰이 줄어들고 병원을 찾는 일도 없어졌습니다. 요즘도 가끔 싸우긴 하지만 전처럼 유혈사태로 번지는 일은 없어서 평안한 상태로 잘 지내고 있어요.

두 마리이다 보니 뭐든 두 개씩이겠네요. 하나의 물건을 두고 다투지는 않아요?

물건이 열 개, 백 개가 있어도 무조건 하나를 놓고 싸우고, 좋은 장난감을 잔뜩 사다 놓아도 아빠가 벗어놓은 양말 한 짝을 두고 싸워요. 제 생각에 백두천지는 서로 뺏기고 뺏기는 행위 자체를 놀이로 보는 것 같아요. 둘이 함께 자라서 그런지 서로 눈치도 살피고 선을 지키면서 놀더라고요. 분위기가 안 좋거나 화가 나 보이면 그때는 또 뺏지 않고 서로를 기다려 줘요. 둘만의 어떤 규칙이 생긴 것 같아요.

백두와 천지의 사진을 보다 보면 마치 카메라에 찍히는 걸 알고 있는 것 같아요(웃음). 모델이 따로 없네요.

백두랑 천지가 말을 할 수 있게 된다면 제일 먼저 저에게 "카메라 치워"라고 말할 것 같아요(웃음). 사실 애들이 사진 찍는 것을 썩 좋아하진 않아요. 누구나 그렇듯 백두천지도 처음부터 프로 모델은 아니었거든요. 초반엔 도망가거나 놓칠 위험이 있어 기둥이나 돌 등에 리드줄을 매고 사진을 찍었죠. 그 이후 앉아, 기다려 훈련을 통해 또 간식이라는 보상을 통해 익숙해진 거 같아요. 카메라가 정확히 뭘 하는 물건인진 몰라도 기다려야 한단 걸 알고 있는 거 같아요. 물론 제 손에 있는 간식을 먹기 위해 노력하는 모습이겠지만, 기특하고 고맙죠.

아이들 덕분에 사진이라는 취미도 생겼어요. 때로는 이 취미 때문에 이런저런 고민거리가 생겨나기도 해요. 내 욕심에 애들을 너무 괴롭히고 있는 것은 아닐지, 사진 찍는 것에 스트레스를 많이 받고 있진 않을지 여러 걱정이 생기면서 사진 찍는 것을 그만둬야 하나 진지하게 걱정하고 고민했어요. 그러다 방송에서 설채현 훈련사께서 해주신 말씀에 큰 위로를 받았어요. 강아지들은 그냥 주는 간식을 먹는 것보다 보호자 지시를 수행하고 받아먹는 간식에 더 성취감을 느끼고 행복해한다는 연구 결과가 있다고요. 많은 보호자가 교육이나 훈련이 반려견에게 스트레스를 줄 거라고 오해를 하지만, 성취감은 사람뿐 아니라 모든 동물도 공통적으로 느끼는 감정이래요. 자신이 무엇을 성취했을 때 뇌에서 기분을 좋게 만들어 주는 신경전달 물질인 도파민이 분비되어 행복하다고, 오히려 현대 사회의 반려견은 할 일이 너무 없어 스트레스를 받는다고 말씀해 주시더라고요. 그렇게 서로 행복해지기 위해 고민하고 반려 생활을 하는 것이 보호자의 역할이라고 생각해요. 그래서 요즘엔 사진 촬영이 있을 때면, 산책도 열심히 해주고 애들 배변 활동을 마친 후에 촬영을 시작해요. 그러다 보니 애들도 집중도가 더 높아져서 요새는 촬영 시간이 많이 줄어졌어요. 백두천지와 출사를 다니는 모습이 대견하고 신기하신지 제가 사진 찍는 동안 옆에서 백두천지 사진을 함께 찍는 분들이 정말 많아요. 그럴 때 보면 백두천지도 본인들이 관심과 사랑을 받고 있다는 걸 알고 있는 것 같아요.

백두, 천지와 함께할 때 가장 행복했던 순간은요?

태안에 한 펜션이 있어요. 인적이 드문 해변가 마을에 위치한 작고 아담한 펜션인데 그 여행이 떠올라요. 처음으로 저희 가족끼리 떠난 여행이기도 하거든요. 펜션 앞쪽으로 해변가가 있어서 아침, 저녁 바다를 보며 산책하고, 저녁엔 펜션 마당에서 야경을 보며 맥주를 마셨죠. 아이들은 마당에서 한참 뛰어놀다가 지쳐 잠들고요. 다시 떠올려도 당장 떠나고 싶은 생각이 들 정도로 여유로운 시간이었어요. 여행에서 돌아오는 차 안에서 백두와 천지가 어찌나 코를 심하게 골던지 괜시리 웃음이 나고 행복하더라고요.

두 마리의 시바견을 반려하시거나, 고민하고 계시는 분들께 한 말씀해 주세요.

<보듬>에서 주최한 시바견 세미나에 참석한 적이 있었는데, 강형욱 훈련사께서 말씀하셨죠. 첫 강아지로 시바견을 키운다는 것은 어쩌면 면허를 취득하자마자 슈퍼카를 모는 것과 같다고요. 시바견은 털 빠짐, 독립적인 성향, 고집 등등 초보 견주가 핸들링 하기에 까다로운 부분이 분명 존재해요. 하지만 그 모든 것을 감수하고도 키울 수밖에 없는 정말 매력적인 견종이에요.
일단 정말 깔끔하고 냄새가 안 나지만, 매일 방대한 양의 털을 뿜어내요. 또 헛짖음이 없어 공동주택 생활하기에 좋지만, 아무래도 대형견이다 보니 백두와 천지를 데리고 엘리베이터를 타면 주민들이 모두 피해요. 독립적인 성향이 강하고 고집이 세서 힘들기도 하고요. 하지만 그런 시크하고 도도한 마성의 매력에 빠져 더 애정을 갈구하게 돼요. 이렇게 반려견의 성향은 생각하는 관점에 따라 장점도 단점도 될 수 있는 거 같아요. 그래서 모든 사람을 완벽하게 만족시키는 특정 견종은 없다고 생각합니다. 단, 나의 성향 우리 가족의 성향과 잘 맞는 성격의 강아지인지는 고민할 필요가 있다고 생각해요. 두 마리의 강아지를 키우는 것 역시 그래요. 경제적인 부담도 있고, 두 마리 강아지를 키우면서 체력적으로 힘든 점도 분명 있지만, 서로 의지하고 어디를 가도 함께할 때면 두 마리 키우는 보람을 느낍니다. 저는 제 반려 생활에 정말 크게 만족하고 있어요. 더 많은 사람이 시바견의 매력에 빠졌으면 좋겠어요. 시바견을 키우기 전에 고민하고 계시는 분들 welcome. 우리 함께 행복한 털 지옥에 빠져봐요.

Twinkle Twinkle Little Twins

쌍둥이일까요?

베이지색 털, 처진 귀, 옅은 주근깨. 똑같은 옷을 입고 똑같이 사랑
스러운 얼굴을 하고 있는 심바와 날라를 보면 이런 생각이 든다.
어쩜 이렇게 닮았을까?

글·사진 최유진 @im.simba_nala / 에디터 박조은

정말 반가워요. 소개 부탁드릴게요.

연한 색의 털을 가진 친구가 남자아이 심바고요. 진한 색의 털을 가진 친구는 여
자아이인 날라예요. 같은 배에서 나왔는데 전혀 성격이 다르답니다. 심바는 엄
마아빠에게는 폭풍애교를 부리는 강아지 중의 강아지이지만 처음 보는 사람
을 상당히 경계하는 편이에요. 반면 날라는 쉴 때도 혼자만의 장소에서 쉬고 엄
마아빠를 따라다니지도 않는 개인주의 성향이에요. 오죽하면 저는 가끔 날라를
고양이라고 부른답니다. 하지만 아주 용감해서 심바와 날라의 엄마인 가을이는
유기견이었어요. 오둥이를 길에 낳고 얼마 지나지 않아 강아지별로 여행을 떠
났죠. 가을이와 오둥이를 발견한 분께서 아이들을 구조해 주셨고, 그중 심바와
날라가 우리 가족이 되었습니다.

아가였던 심바와 날라가 벌써 개린이라니 시간이 정말 빠르네요. 이제 뛰어다니기 시작하는데 아가 시절과 비교해서 지금의 일상은 어떠신가요?

아가 때 심바와 날라는 둘이 꼭 붙어서 잠만 잤어요. 겁 많은 심바는 날라에게 많이 의지했었죠. 그래서 항상 날라에게 폭 기대서 자곤 했어요. 지금은 심바가 날라에 비해 덩치가 커져서, 심바가 날라에게 기대서 자려고 하면 날라가 질색을 하며 도망간답니다. 또 아가 때는 산책을 시키려고 나가면 땅에 붙어 꼼짝을 안 했었어요. 결국 둘 다 안아서 호수 공원을 한 바퀴 돌고 돌아오고는 했죠. 목줄에 익숙하지 않았을 때라서 그랬던 것 같아요. 하지만 이제는 목줄도 잘하고 그 어떤 강아지들보다도 신나게 산책을 즐겨요. 심바는 엄마아빠가 양말만 신으면 산책 나가는 줄 알고 엉덩이를 흔들면서 먼저 현관문 앞에 나가 있어요. 그 와중에 고양이 같은 성격의 날라는 심바가 그러던지 말던지 관심 없어 하는 모습이 정말 웃기고 귀여워요.

곧 격정의 개춘기를 맞이하겠네요(웃음).

그러게요. 개춘기는 언제쯤 올까요? 심바와 날라는 지금도 자기 주장이 매우 강한 편이에요. 사료도 가려서 먹고 하네스 차는 것도 완강히 거부해요. 날라가 심바보다 더 자기주장이 강한 편인데요. 심바가 간식을 먹으려고 하면 엄마아빠를 보면서 심바 간식을 뺏어 달라고 짖어요. 본인 것도 가지고 있으면서 말이에요(웃음). 하지만 특별히 개춘기가 걱정되지는 않아요. 하네스를 싫어하면 하네스 없이 산책할 수 있는 곳에 데려가면 되고, 밥을 잘 안 먹으면 기호성 높은 사료들을 찾아서 주면 되고, 간식 먹을 때 싸울 것 같으면 옆에서 지켜봐 주면 되니까요. 아프지 않기만을 바라는 마음입니다. 다만, 앞으로 날라의 귀가 설지 안 설지는 궁금해요. 큰 귀가 서있어서 신기했었는데, 최근에는 또 귀가 내려갔거든요.

이토록 사랑스러운 아이들을 구조해 주셔서 감사해요.

처음에는 다른 남매 유기견을 마음에 뒀어요. 보호소에 있던 아이들이었는데, 일주일만 고민해 보자 하는 사이에 강아지 별로 떠났죠. 제가 조금만 서둘렀더라면… 안타까운 마음이 들었어요. 그러던 중 심바, 날라를 보게 되었고 주저없이 결정했어요. '먼저 떠난 남매 몫까지 건강하고 행복하게 키우자. 혼자보다 둘이 함께 있으면 두 배로 행복할 거야'라는 마음으로 데리고 왔습니다. 저희도 맨 처음에는 걱정이 많았어요. 믹스견의 특성상 얼마나 자랄지, 털이 얼마나 빠질지도 알 수 없었으니까요. 그런데 막상 가족이 되고 나니 그런 건 하나도 중요하지 않더라고요. 하루하루 아이들이 밥을 잘 먹는지 똥은 잘 싸우지 아프지는 않은지 이런 생각만 가득하게 되었답니다.

Pink Nose, Chocolate Nose

딸기 하나, 초콜릿 하나

마음을 두고 천천히 들여다보면 이전에는 보이지 않던 것들이 보인다. 처음엔 같은 색으로 보이던 코코베베의 촉촉한 코에서 두 개의 색깔이 발견된 것처럼 말이다.

글·사진 정혜영 @coco_bebee / 에디터 박조은

안녕하세요. 정말 반가워요. 아이들 소개 부탁드립니다.

짧지만 튼튼한 다리, 그리고 길고 매력적인 허리 라인을 가진 장모 닥스훈트 코코와 베베예요. 개구쟁이 남자아이들이고요. 생일은 6개월 차이가 나는 특별한 형제랍니다.

코코와 베베는 어떤 사이인가요?

진짜 형제는 아니지만 서로 형제라고 생각하며 의지하는 사이예요. 특히 동생 베베가 형 코코에게 많이 의지하고 있어요. 베베는 코코가 하는 행동을 그대로 따라 하고 코코가 눈앞에 안 보이면 계속 찾아다녀요. 주로 단단한 실타래로 터그 놀이를 하거나, 수건 안에 장난감을 넣어 킁킁 냄새를 맡는 노즈워크 놀이를 함께 즐기고요. 하루 종일 같이 여기저기 우다다 뛰어다니고 낯선 곳에 갈 때나 잠을 잘 때면 꼭 붙어있는 우애 좋은 형제랍니다.

장모 닥스훈트 모임이 있나 봐요. 똑 닮은 아이들이 옹기종기 모여 있는 모습이 사랑스러워요.

주로 인스타그램에서 만난 친구들이에요. 주변에서 장모 닥스훈트 친구들을 찾기 힘들거든요. 온라인으로 약속을 잡아서 만나다 보니 여러 지역에서 만나게 되었어요. 목청이 좋은 아이들이라 보통 야외의 넓은 잔디 운동장에서 만나요(웃음). 모임에 나가면 코코는 친구들에게 장난을 많이 치는 장난꾸러기 같은 인싸고요. 베베는 무서운 게 많아서 낯을 가리는 겁쟁이에요. 코코, 베베랑 제일 친한 친구는 숭늉, 조랭이 자매 인데요. 처음 만났을 때부터 오랜 친구처럼 잘 놀았어요. 이름이 정말 귀엽죠? 똑같이 생긴 아이들이 짧은 다리로 여기저기 바람을 가르며 뛰어다니는 모습을 보면 도저히 사진을 찍지 않을 수가 없어요. 얼마나 귀여운지 몰라요.

둘이 정말 많이 닮은 것 같아요. 구분할 수 있는 특징이나 포인트가 있나요?

코코와 베베를 처음 보거나 사진으로만 보신 분들은 쌍둥이냐고 많이 물어보세요. 하지만 실제로 보면 털과 코의 색깔로 구분할 수 있어요. 코코는 진한 갈색의 털과 초코색 코를 가지고 있고요. 베베는 조금 더 연한 크림색의 털과 온도에 따라 색이 조금씩 변하는 분홍색 코를 가지고 있어요. 예전에 어떤 분이 코코와 베베의 털 색깔 차이를 보고 '한우와 송아지 같다'고 해서 많이 웃었던 적도 있었어요. 자세히 보다 보면 얼굴의 생김새도 조금씩 다르게 생겨서 나중에는 금방 알아볼 수 있어요. 무엇보다 성격이 정반대예요. 코코는 외향적인 성격으로 사람도 좋아하고 친구들도 좋아해서 서슴없이 다가가 장난치면서 놀고 금방 친해지지만, 베베는 내향적인 성격으로 처음 만나면 마음을 쉽게 주지 않아요. 그래도 형인 코코가 함께 있어 줄 때만큼은 용기를 내서 친구에게 먼저 다가가기도 한답니다.

같은 견종의 똑 닮은 강아지 두 마리를 반려하고 계세요. 두 마리라서 더 좋은 점이 있을까요?

코코베베와 같이 산책을 할 때면 주변에서 쌍둥이냐고 물어보시면서 예쁘다, 멋있다, 윤기난다고 말씀해 주실 때가 있어요. 그럴 땐 말만 들어도 어깨가 으쓱하고 뭔가 뿌듯해서 기분이 좋더라고요. 집에선 둘이 뛰어놀며 장난감을 서로 뺏으려고 할 때가 있는데, 그 모습을 볼 때면 마냥 귀여워 보여요. 함께하는 시간만큼 생김새뿐만 아니라 하는 행동도 비슷해지는 거 같아요. 한 마리였다면 볼 수 없는 장면이잖아요. 하지만 두 마리는 한 마리의 강아지를 반려하는 것보다 두 배 이상의 시간과 관리가 필요해요. 한쪽에 치우지지 않고 비교와 편견 없이 사랑도 듬뿍 줘야 하고요. 혹시 반려견 두 마리를 반려하시는 걸 고민하고 계시다면 충분한 조건이 되는지 먼저 고민하고 결정하셨으면 좋겠어요.

코코와 함께 살다가 베베를 데려오게 된 계기가 궁금해요.

맨 처음에는 크림색 털의 닥스훈트와 함께 살고 싶었어요. 하지만 진한 갈색 털을 가진 코코를 만나 코코의 매력에 빠져 함께 지내게 되었죠. 그러던 중 크림색의 닥스훈트 베베와 인연이 생겼어요. 가족이 한 명 더 생긴다는 사실이 많이 설레고 행복했고, 나중에 온 베베에게도 코코와 똑같이 사랑을 나누어 주자는 마음이 컸어요.

함께라서 가장 행복했던 순간이 있을까요?

매일매일 행복한 순간들이 흘러넘쳐요. 코코와 베베가 저에게 주는 사랑이 아주 크기 때문이에요. 그래도 가장 행복한 순간을 꼽아보자면 하루 일과를 마치고 같이 잠자리에 들 때가 아닌가 싶어요. 제가 잠을 자려고 누우면 옆구리 사이로 코코와 베베가 들어와서 눕는 데요. 좌 코코, 우 베베를 껴안고 있으면 힘들었던 날들을 단번에 위로받는 기분이 들어요. 하지만 새벽에는 아이들이 이불을 많이 차지하는 바람에 저는 춥게 자게 된답니다(웃음). 물론 가끔 힘들 때도 있긴 했어요. 코코와 베베는 워낙 체력이 좋아서 하루에 두세 번은 산책을 나가야 하거든요. 나란히 걷는 연습을 하고 있지만, 아직까지 쉽지는 않아요. 평화로운 산책을 성공하는 날까지 노력하려고 해요. 앞으로도 지금처럼 사랑을 주고받으면서 끝까지 건강하고 행복하게 지낼 거예요.

2022년 코코베베와 함께 계획하신 일들이 있는지 궁금해요.

아이들과 좋은 추억을 많이 쌓을 예정이에요. '남는 건 사진뿐이다'라는 생각으로 생일이나 기념일마다 가족사진으로 추억이 담긴 사진을 남기려고 해요. 언젠간 코코베베도 모델 강아지로 촬영하는 날이 오기만을 기대하며 말이에요. 또 지금까지 함께 캠핑도 하고 반려견 동반 펜션도 다니며 여행을 했지만, 올해는 특별히 비행기를 타고 제주도 여행을 가보려고 해요. 관광명소인 제주도를 함께 가면 더 행복할 거 같아요. 아이들에게도 좋은 추억이 될 거 같고요. 비행기를 타려면 규정에 따라 베베보다 덩치가 좋은 코코의 다이어트를 먼저 성공시켜야 하지만요(웃음).

잼 베이커리 1번가

갓 구워낸 빵의 냄새를 맡았을 때, 그 향긋한 냄새에 괜스레 기분이 좋아
지곤 한다. 인터뷰를 하는 동안 내 마음 역시 그랬다. 노릇한 파이와 달콤
한 잼처럼 서로를 따뜻하게 보듬으며 살아가는 이야기를 듣고 있자니 입
가에 미소가 떠나질 않았다.

글·사진 이지은 @zamzam_house_ / 에디터 조문주

안녕하세요! 아이들 소개 부탁드려요

안녕하세요. 첫째부터 소개할게요. 잼(12살)은 제주도에서 입양
해 자취 생활의 시작부터 저와 함께하고 있어요. 고양이들은 예
민하고 민첩한 성격을 가진 경우가 많은데, 잼은 정말 무던하고
겁이 없는 평화로운 성격의 소유자예요.
둘째 빵둥이(7살)는 잼과 사뭇 다른 성격을 가지고 있어요. 잼
에 비해 몸이 예민한 편이지만, 애교가 많고 사랑스러운 고양이
예요. 막내 파이는 이제 막 2살이 되었어요. 착한 두 고양이의 넓
은 아량 속에 제멋대로 행복하게 살고 있는 막내랍니다.

**아늑한 공간에서 강아지 고양이들과 함께 살고 계시네요. 아이들
과 함께하는 일상은 어떤가요?**

잼을 입양하기 전까지는 반려동물이 제 일상을 이렇게까지 바꿔
놓을 거라고는 전혀 예상하지 못했어요. 저는 그저 고양이를 좋
아해서 고양이와 함께 살고 싶다는 생각뿐이었거든요. 그런데 아
이들과 함께 살면서 제 인생이 송두리째 바뀐 거 같아요. 살면서
느껴보지 못한 행복감을 주거든요. 바라만 봐도 찾아오는 행복감
이요. 밤새 우다다를 하는 소리에 잠들지 못하기도 하고, 한 번씩
원인 모를 이유로 아파서 애가 타기도 하지만 그건 아무것도 아
니에요. 지금은 건강하기만 하면 바랄 게 없다는 생각뿐이에요.
이렇게 조건 없는 사랑을 아이들을 통해 경험하고 있어요. 가끔
수만 가지의 감정들이 머릿속을 헤집을 때도 있지만, 혼자 지낼
때보단 훨씬 더 만족하는 일상을 보내고 있습니다

처음에 고양이 두 마리만 반려하시다가 파이를 입양하셨는데, 고양이와는 완전히 다른 매력의 강아지를 반려하시게 됐어요.

저는 스스로 고양이와 결이 잘 맞는 사람이라고 생각하고 살았어요. 강아지와 함께하는 삶은 전혀 예상하지 못했죠. 그런데 우연히 지인이 입양한 강아지를 개인 사정으로 더 이상 못 키운다는 소식을 접했어요. 이미 강아지를 본 입장에서 다른 곳에 강아지를 보내는 게 마음이 아파 제가 데려오게 되었어요. 입양을 결정한 후 고양이와의 합사를 잘 할 수 있을까에 대한 걱정이 밀려왔지만, 다행히도 착한 잼과 빵둥이가 파이를 가족으로 받아주더라고요. 한 성격하는 파이를 보듬어주는 잼과 빵둥이에게 항상 고마운 마음을 가지고 있어요.

파이와 고양이들의 첫만남은 어땠나요?

저희 고양이들은 강아지와 친숙하게 지내본 경험이 없었어요. 고양이와 강아지는 서로 행동을 이해하는 방식이 달라서 서로를 잘 이해하지 못하잖아요. 그래서 파이가 온 첫 날, 고양이들은 경계 가득한 몸짓으로 하악질을 하며 파이를 피해 숨어 다녔어요. 하지만 발랄한 성격의 파이는 굴하지 않고 끈질기게 잼과 빵둥이에게 친한 척을 하더라고요. 그렇게 경계 가득했던 첫만남 이후, 고양이들도 점점 파이의 존재를 받아들이기 시작했어요. 빵둥이는 원래부터 부성애를 가진 고양이라서 그런지 다른 아이들을 잘 챙겨주는 면이 있었는데, 다행히 파이에게도 같은 감정을 느끼더라고요. 서로 적응하는 기간이 지난 후에는 빵둥이가 파이를 친자식처럼 잘 챙겨주며 지내고 있어요. '쟤는 원래 저런 애인가 보다' 하고 무시할 때가 더 많지만요(웃음).

빵둥이가 파이한테 그루밍을 해주더라고요. 서로 많이 아끼는 거 같아요.

빵둥이와 파이의 사이는 정말 각별해요. 한 번씩 잼이 우다다를 할 때 빵둥이를 장난으로 괴롭히곤 하는데, 그럴 때마다 파이가 나서서 빵둥이를 지켜주더라고요. 파이가 성격이 남달라서 목욕시킬 때나 산책 준비를 할 때 한바탕 전쟁을 치르는데, 빵둥이는 파이가 들어간 화장실 앞에서 걱정 가득한 목소리로 울어요. 아마 빵둥이는 파이를 본인의 자식처럼 생각하는 것 같아요. 파이는 빵둥이를 착한 친오빠처럼 생각하는 것 같고요.

여느 동생들이 그러듯 파이가 빵둥이에게 장난치고 까불 때면, 빵둥이는 침착하게 파이를 저지하기도 하고, 받아주기도 하면서 지내고 있어요. 잼은 워낙 사람이든 동물이든 관심을 두지 않는 성향이다보니 빵둥이와 파이가 남매처럼 각별하게 지내는 게 아닐까 하는 생각도 들고요.

화목하게 네 가족이 살아가는 모습이 너무 예뻐요. 5년 후, 빵둥이와 잼, 그리고 파이와 어떤 삶을 살고 있을까요?

아이들을 키우다 보니 이전과는 다르게 시간이 더 빠르게 흘러간다고 느껴져요. 시간이 흐를수록 나이가 들어간다고 생각하니 마음이 너무 아프더라고요. 5년 후에도, 지금처럼 빵둥이와 잼이 아프지 않고 건강하게 지내고 있기를 바라요.
5년 뒤에 파이는 '프로 여행견'이 되어 저와 여행을 다니고 있을 거예요. 고양이와 함께 하며 내향적인 삶을 살아왔던 제가 파이를 만난 후 스스로도 몰랐던 새로운 면을 발견했거든요. 아이와 함께 밖으로 나가서 경험할 수 있는 행복은 또 다르다는 걸 알게 됐죠. 코로나 전에는 마음만 먹으면 갈 수 있다고 생각했던 해외여행을 현재는 갈 수 없어 지난 2년간 여행을 더 많이 가지 못한 것에 대한 후회가 남아요. 그래서 앞으로는 경험할 수 있을 때 추억을 많이 만들려고 해요. 파이도 밖에 나가는 걸 좋아하는 강아지이다 보니, 앞으로 파이와 함께하는 여행은 더욱 행복하지 않을까 생각합니다. 앞으로도 저희 네 식구는 각자의 개성을 잘 유지하며 소란스러운 하루를 보낼 거예요.

Shiba Or Cat,
That's The Question

시바냐 고양이냐, 그것이 문제로다

세 마리 고양이 형제들 사이에서 살아가고 있는 시바견 하찌. 하찌는 지금
자신의 정체성에 대해 진지하게 고민하고 있다. 나는 강아지인가, 아니면
고양이인가? 고민하는 하찌에게 제안한다. 그냥 '시바냥'으로 사는 건 어때?

글·사진 조아인 @hazzi_shiba / 에디터 박조은

하찌네 가족 소개를 부탁드려요.

안녕하세요. 반갑습니다. 우리 집에는 강아지 한 마리와 고양이 세 마리가 함께 살고 있답니다. 이름 끝에 돌림자 '찌'를 쓰고 있는 형제예요. 첫째는 무서운 고양이 맏형 '꼰찌'예요. 둘째도 고양이, 이름은 '리찌'이구요. 강아지 동생을 보살펴주는 착한 형이에요. 셋째는 우리 집에서 유일한 강아지로 견일점을 맡고 있는 시바견 '하찌'예요. 고양이인 리찌 형에게 보살핌을 받으며 자라서 자기가 고양이인 줄 알고 있죠(웃음). 그래서 저희는 하찌를 '개냥이' 혹은 '시바냥'라고 부른답니다. 막내 고양이 '치찌'는 귀여운 캣초딩이에요. 치찌는 하찌와 많이 닮아서 데려오게 되었는 데요. 자기랑 똑 닮은 하찌 형과 매일 붙어다녀요. 그 영향으로 자기가 개인 줄 안답니다. 참 특이한 관계죠?

하찌가 치찌의 귀를 정성껏 핥아주는 모습을 봤어요. 정말 사랑스럽더라고요.

하찌가 아기 강아지였던 시절, 둘째 리찌가 하찌를 자기 새끼처럼 돌봤어요. 매일 얼굴과 귀 등 몸 구석구석을 핥아줬죠. 그렇게 그루밍을 받으며 자란 하찌는 동생이 생기자 자기도 동생에게 그루밍을 해줘야 된다고 생각했나 봐요. 어느 순간부터 치찌의 귀를 열심히 핥아주더라고요. 하지만 고양이와 다르게 개의 혀는 너무 촉촉… 아니, 축축해요. 그래서 그루밍이 끝나면 치찌의 귀는 흥건히 젖어 있어요. 맨 처음에는 하찌가 그루밍을 해주려고 하면 치찌가 도망을 갔어요. 그러다 어느 순간 자포자기 심정으로 그루밍을 받게 되었죠. 그 모습이 어찌나 웃긴지 한참 웃었답니다. 저는 이걸 '그루밍 대물림'이라고 부르고 있어요.

하찌는 자신을 고양이라고 생각하는 것 같아요(웃음).

맞아요. 하찌는 캣타워에서 놀고 자요. 캣휠도 타고요. 동생에게 그루밍도 해주죠. 고양이라고 생각하는 게 맞는 것 같아요. 하찌가 작은 아기 강아지였던 시절에 리찌 형아를 따라서 캣타워에 올라가고 싶다고 낑낑 울었어요. 짧은 다리로는 혼자서 캣타워에 올라갈 수 없었거든요. 하도 울길래 제가 한 번 올려주었는데 어느새 몸이 커지면서 혼자서도 올라가 있더라고요. 점점 형아 따라서 캣휠도 타고, 형아 따라서 해먹에서 자고⋯ 하찌는 그렇게 '시바냥'이 됐습니다. 또 맨 처음에는 형들 따라서 배변도 고양이 화장실에서 봤었는 데요. 하찌의 덩치가 커지면서 고양이 화장실이 다 부서졌어요. 그 뒤로 실외 배변 교육을 시작했죠. 이제는 100% 밖에서만 배변을 해요. 그렇게 하찌는 하루에 서너 번 '똥책' 나가는 삶을 살게 되었답니다.

평생 함께하는 가족이지만 그래도 고양이와 강아지는 서로 다른 종이다 보니 함께 살면서 주의해야 할 점이 있을 것 같아요.

서로 힘의 크기를 모르게 하는 것이 중요한 것 같아요. 물리적으로 강아지가 고양이보다 힘이 세기 때문에, 강아지와 고양이가 함께 사는 집에서 강아지가 가장 강한 존재가 되면 위험한 상황이 발생할 수도 있다고 생각해요. 아무래도 덩치 차이가 많이 나게 되면 서로 장난을 치다 가도 작은 아이는 다칠 수 있거든요. 저희 집에서는 가장 덩치가 큰 하찌가 첫째 꼰찌의 등장만으로도 얌전해져요. 맏형 꼰찌는 나이도 많고 성격도 시크한 편이라서 동생들이 살짝 어려워하거든요. 힘보다는 관계가 더 중요하게 작용하죠.

고양이들과 함께 살던 중 강아지인 하찌를 데려오게 된 계기가
궁금해요.

저는 어릴 때부터 시바견과 함께 하는 삶에 대한 로망이 있었어
요. 하지만 강아지와 함께 사는 것은 고양이와 함께 사는 것과는
또 다르게 케어해야 할 부분이 있다는 걸 알고 있었어요. 특히 산
책 같은 경우에는 매일 시간을 내서 해줘야 하는데 물리적으로
시간을 낼 수가 없었어요. 그래서 직장을 다니는 동안에는 강아
지를 키울 생각을 하지 못했죠. 시간이 지나 사업을 하게 되면서
자유롭게 쓸 수 있는 시간들이 조금씩 많아졌어요. 이 정도면 강
아지도 케어해 줄 수 있다는 판단이 들어서 시바견인 하찌를 입
양하게 되었습니다.

강아지와 고양이의 합사를 준비하시는 분들께 조언을 해 주실 수
있을까요?

개인적으로는 어른 고양이와 아기 강아지의 합사가 가장 수월했
던 것 같습니다. 리찌가 하찌의 육아를 맡아줘서 빠르게 합사할
수 있었죠. 반대로 어른 강아지와 아기 고양이도 합사해 봤는데
요. 이 경우에는 강아지의 성격 파악이 필수적인 것 같아요. 사회
화가 된 정도와 입질 여부 등을 파악하고 합사를 시도할지 말지
정해야 위험하지 않습니다. 무엇보다 합사를 시작할 때에는 조급
하게 생각하지 말고 충분히 시간을 갖는 것이 가장 중요하다고
생각해요. 적어도 한 달은 철장을 사이에 두고 냄새를 맡으면서
천천히 익숙해져야 해요. 여유롭게 합사를 해야 가정이 평온하고
행복합니다.

Retriever Is A New Kind Of Duckling

저 오리 아닌데요

하네스를 매고 뒤뚱거리며 산책을 간다. 산책길을 따라 근처 계곡으로 가수영도 하고 흙놀이도 신나게 즐긴다. "아 이게 행복이지." 만족스러운 표정을 짓곤 물에서 나와 시원한 수박을 쪼개 나눠먹는다. 얼핏 반려견과 함께하는 평화로운 시골생활 같아 보이지만 사실은 오리의 야무진 하루 일과다. 오리의 표정을 보니 이렇게 쓰여있다. "저 오리 아닌데요."

글·사진 한유지 @mavely__bella / 에디터 조문주, 박조은

안녕하세요. 언젠가 꼭 인터뷰를 하고 싶었는데, 드디어 만나뵙게 되네요.

안녕하세요. 리트리버 다섯 마리와 오리 두 마리 그리고 닭 한 마리까지. 우당탕탕 즐겁게 지내고 있는 마벨이네입니다. 어떤 상황에서도 해맑은 마루와 눈웃음이 눈부시게 예쁜 벨라, 둘이 합쳐서 '마벨'이랍니다. 리트리버들은 모두 한 가족인 데요. 엄마와 아빠가 바로 마루와 벨라예요. 마벨이의 아들딸인 율무와 여름이 배츄를 소개할게요. 엄마 아빠를 닮아 상당히 자기주장이 강한 성격을 가지고 있죠. 먼저 이목구비를 마구 쓰는 율무가 있어요. 얼굴로 개그를 하는 진짜 웃긴 강아지예요(웃음). 아빠랑 똑 닮은 여름이와 배츄는 사계절 내내 계곡물, 진흙, 쌓인 눈에 몸을 비비면서 '더러운 개가 행복한 개다'라는 말을 실천하고 있어요. 곽 씨

네 오리 덕칠이와 덕자와는 계곡 데이트도 하고요. 유일한 닭 계덕호는 산책하고 돌아온 강아지들 몸에 붙어있는 풀씨를 쪼아먹는 게 삶의 낙이랍니다.

개성 강한 친구들과 함께하고 계시네요. 체력이 대단하세요.

제가 맨날 강아지와 오리들을 산책시키고 여기저기 놀러 다니다 보니 제 체력에 놀라시는 분들이 많아요. 아이들과 지내려면 보통 체력으로는 힘들거든요. 직업이 운동선수냐는 질문까지 받고 있어요(웃음). 제가 학생 때 아마추어 운동선수 였었죠. 지금은 아니고요. 그냥 평범하게 작은 사업장 운영하는 힘이 좀 센 소상공인입니다.

오리와 강아지의 조합이 흔히 볼 수 있는 조합은 아니잖아요. 어쩌다 오리와 강아지들이 같이 살게 됐는지 많은 분이 궁금해하실 거 같아요.

오리와 리트리버들과 함께하는 일상은 저에게 너무나도 특별해요. 오래전부터 꿈꿔왔던 모습이었거든요. 어렸을 때부터 종과 크기에 상관없이 모든 동물을 좋아했어요. 지금도 마찬가지고요. 살면서 한 번쯤 오리를 키워보고 싶다고 생각했었는데, 시골로 이사를 오게 된 거예요. 시골에는 논과 계곡이 있어 오리를 키우기에 최적의 환경이잖아요. 드디어 바라던 순간이 온 거죠. 설레는 마음으로 알이 부화하기만을 기다렸어요. 처음 알에서 오리들

이 부화했을 때, 장난감보다 작은 존재들이 소리 내며 움직이는 모습을 보면서 리트리버들이 엄청 신기해하더라고요. 오히려 오리들은 아무렇지 않아 보였는데 말이죠(웃음). 사실 오리와 리트리버가 친구가 될 수 있을까, 아이들이 오리를 사냥감으로 생각하면 어쩌나 엄청 긴장하면서 만남을 준비했었는데, 걱정과 달리 오리들을 가족처럼 대해주는 모습에 너무 기특하고 예뻐 보였어요. 원래 이렇게 함께할 운명이었나봐요.

리트리버들과 오리 가족이 닮은 부분이 많아 보여요. 물도 좋아하고, 가족들이랑 함께 다니고요. 무엇보다 있는 그대로의 모습으로 행복하게 지내는 모습이 참 보기 좋아요.

우선 리트리버들과 오리들 모두 물을 좋아한다는 점이 가장 큰 닮은 점인 것 같아요. 여름에 동네 계곡에서 같이 수영을 할 때면, 리트리버 친구들은 저와 함께 장난감도 던지고 잠수도 하며 놀거든요. 오리들은 잠수해서 다슬기나 작은 물고기들을 잡아먹으며 놀아요. 목욕을 하기도 하고요. 시원한 수박을 사이좋게 나눠먹기도 해요. 흙놀이도 좋아해서 리트리버들은 주둥이랑 발에, 오리들은 부리에 흙이 항상 묻어있어요(웃음).

마벨이네 리트리버와 오리들의 일상을 인스타그램과 유튜브로 공유하고 계시잖아요.

그저 대한민국의 한 시골에서 뛰어노는 동물 친구들일 뿐인데, 많은 분이 아이들을 예뻐해 주시고 귀여워해 주셔서 항상 감사한 마음뿐이에요. 사실 저는 그냥 소소하게 일상을 공유하려고 인스타그램과 유튜브를 시작했거든요. 이렇게 많은 관심과 사랑을 받을 줄은 몰랐어요. 한 생명을 책임지고 반려하는 일이 결코 쉽지 않잖아요. 오리와 강아지도 다르지 않거든요. 함께 하는 삶을 유지하는 게 사실 쉽지는 않아요. 그래서 더 부지런하게 노력하고 있습니다. 그 마음을 많은 분이 알아주신 것 같기도 해요.

오리들이 하네스도 하고 산책도 가고 애교도 부리는 모습을 봤어요. 혹시 스스로 강아지라고 생각하고 있는 건 아니겠죠?

사실 하네스는 산책하다 야생동물들이 낚아채가는 혹시 모를 상황을 대비해 해줬던 거예요. 근데 생각보다 불편해하지 않더라고요. 아무렇지 않게 잘 걸어 다니고 수영도 하고 기지개도 켜길래 저도 좀 놀랐어요. 강아지라고 생각한다기보단, 원래 타고난 성격 자체가 무던한 것 같아요. 같이 논으로 산책을 갈 때면 리트리버들과 같이 부리로 논바닥을 파서 주둥이를 넣고 장난을 치기도 하는데, 그런 모습을 볼 때면 리트리버와 오리들이 정말 닮았다는 생각이 들어요.

추운 겨울이 지나고 따뜻한 봄이 다가온 3월. 리트리버들과 오리들은 어떤 하루를 보내고 있나요?

작년 봄에는 유기견 가족을 임보하고 입양 보내느라, 아이들에게 많이 신경을 못 써줬던 같아 정말 미안했거든요. 그래서 올해에는 여행도 자주 가고 산책도 많이 하고 있어요. 따뜻한 날씨와 함께 조류독감의 위험에서 안진해지는 날이 오면 덕호, 덕자, 더철이는 산책을 하며 새로 나는 풀들도 뜯어먹고 벌레들도 잡아먹으며 지낼 것 같아요. 마루, 벨라, 배츄, 여름이, 율무도 따사로운 햇볕 아래 나른하게 낮잠도 자고 신나게 뛰어놀며 평범하고 소중한 하루하루를 보내고 있답니다.

"제가 아이들에게 자주 하는 말이 있어요.
'얘들아, 아프지 말고 행복하게 살다가 편안하게 가자.'
너무 적나라한 표현 같죠? 근데 이게 제 진심이에요."

The Stranger Looked Like

글·사진 하우현 @coong_ang_jiyoung / 에디터 박재림

다른 행성에서 온 친구들

바야흐로 봄이다. 겨우내 웅크린 세상이 기지개를 크게 펴는 계절. 무겁고 어두운 겨울 외투를 벗어 두고 봄 맞으러 가야지. 포근한 바람에 휘파람 실어 보내며 목적지 없는 산책을 시작한다. 평화롭게 아지랑이를 즈려밟던 발이 이윽고 동네 공원으로 향한다. 재잘재잘, 복작복작, 생명력이 넘치는 초록의 공간이다.

산책 중인 두 마리의 강아지가 눈에 띈다. 몸 크기는 차이 나도, 갈색과 흰색 털 무늬가 비슷한 것이 부모와 자식 관계 같기도 하다. 삼촌 미소를 지으며 둘을 바라보는데 별안간 작은 녀석이 풀을 뜯기 시작한다. 뭔가 이상한데… 앗, 이건 토끼?! 익숙한 일인 듯 그저 빙긋 웃어보이는 보호자. 뒷모습이 꼭 닮은 토끼&강아지를 반려하는 그에게 말을 걸었다. "저기요."

강아지와 토끼의 산책이라니, 뭔가 이채롭네요.

그런 말 자주 들어요(웃음). 토끼와 산책하는 모습 자체가 사람들에겐 생소한데, 거기 강아지까지 함께 있으니 더 신기하신가 봐요. 둘이 털 색깔이 비슷해서 강아지 어미와 새끼인 줄 아시는 분도 있죠. 아, 토끼의 이름은 '지영'이고 강아지는 '꿍이'랍니다. 지영이는 2019년 10월부터, 꿍이는 이듬해 3월부터 함께하고 있어요. 동반 산책은 공원과 들판에서만 가능해요. 강아지인 꿍이와 비교해 토끼인 지영이에게 차도와 인도는 많이 위험하거든요. 지영이는 산책을 나오면 걷는 시간보다 민들레, 쑥, 낙엽을 먹는 시간이 훨씬 길어요. 지영이에게 공원은 곧 '뷔페'죠, 하하.

지영이라는 이름이 독특해요.

독립 후 자취를 하면서 토끼 입양을 결심했어요. 친언니가 토끼 두 마리를 키운 적이 있었고 그때 저도 종종 돌본 경험이 있었죠. 인터넷에서 가정입양 게시물 속 사진을 보고 단번에 마음을 빼앗겼답니다. 저희 집은 수원인데 한걸음에 부산까지 내려가서 아이를 데려왔죠. 반려동물에게 사람 이름을 붙여주고 싶었던 저는 가장 흔한 여자이름이라는 '김지영'을 떠올렸어요. 저의 첫 반려동물이기도 한 지영이는 살짝 까칠한 성격이지만 때로는 쓰다듬어 달라고 강요(?)하는 애교쟁이이기도 해요. 토끼는 바나나, 파인애플 같은 달콤한 과일을 먹으면 엉덩이를 틱틱 거리는 특징이 있죠. 우리 지영이도 그래요. 마치 '트월킹'을 추는 것처럼. 그래서 저는 지영이를 트월킹하는 까칠한 10대 소녀라고 소개해요(웃음).

꿍이도 궁금합니다.

지영이와 지내다가 더 넓은 집으로 이사를 하면서 반려동물을 더 들이고 싶다는 생각이 들었어요. 이전부터 유기견 입양에 관심이 많던 저는 1살로 추정되는 꼬리 없는 웰시코기를 알게 되었습니다. 성남 유기견보호소 출신으로, 임시보호 가정에서 지내던 아이였는데 털색과 모양이 지영이랑 비슷해서 더 마음이 갔어요. 토끼와 강아지의 합사에 관한 고민과 공부를 깊게 한 뒤로 결정을 내렸고 지금까지 약 2년째 함께하고 있답니다. 우리 꿍이는 기분이 좋으면 엉덩이와 허리를 흔들며 춤을 추는 매력적인 남자 아이예요. 겁은 많지만 언제나 해맑게 웃는 아이라 보는 사람도 행복하게 만들죠.

부산에서 온 여자 토끼와 성남에서 온 남자 강아지라… 유명한 책 제목이 떠오르네요.

너무 다른 둘이니까, 원활한 합사를 위해서 꿍이를 입양하기 전 미리 '상견례'를 했어요. 그땐 아무 일도 없어서 안심했죠. 그런데 꿍이가 저희 집으로 온 첫 날, 꿍이가 지영이를 보고 너무 흥분해서 낑낑거리고, 그런 꿍이 때문에 지영이도 깜짝 놀란 듯 케이지 안에서 우당탕탕 뛰어다니고… 아주 난리가 난 거예요. 일단 2주일 동안 서로를 볼 수 없는 곳에서 생활하게 하면서, 간식을 활용한 훈련으로 서로에게 익숙해지도록 했죠. 그랬더니 어느덧 이렇게 동반 산책을 할 정도가 되었네요. 물론 기본적으로는 꿍이가 지영이에게 관심이 참 많아요. 냄새도 다르고, 깡총깡총 뛰는 모습이 신기한가 봐요. 쑥갓, 건초, 브로콜리, 사과, 파인애플 등 지영이가 먹는 음식도 호시탐탐 노려요.

꽁냥꽁냥 두 친구와 함께하며 보호자님도 웃을 일이 많을 것 같아요.

맞아요. 하루하루가 늘 새롭죠. 지영이가 벽지를 갉아버린다든지, 책이나 다이어리의 종이를 먹는다든지 소소한 사고를 종종 치는 편인데 그럴 때마다 꿍이가 저에게 달려와요. 마치 '엄마, 쟤 또 사고쳤어. 어쩌면 좋아'라고 고자질하듯 낑낑거려요(웃음). 그러면서도 지영이가 시야에서 사라지면 불안한가 봐요. 지영이가 소파나 침대 밑에 들어가곤 하는데 그럴 때마다 꿍이는 두리번거리며 온 집안을 돌아다녀요. 그 모습을 보면 너무 귀여워서 웃지 않을 수 없어요. 이 행복감을 알기에 토끼를 하나 더 들일까 고민도 했는데 어려울 것 같아요. 당분간은 우리 셋이서 오붓하게 살아갈 계획이랍니다!

EGG PLANT FACTORY

크리에이티브한 디자인을 제안하고 브랜드를 꾸리는 사람들이 모인 <에그플랜트팩토리>. 이곳에 하늘을 찌르는 자존감과 사랑스러운 외모로
직원들의 마음을 뒤흔드는 인턴이 있다. 그 주인공은 비숑 '쿠파'. 직원들은 쿠인턴을 두고 '대표님 아들', '낙하산 인턴'이라 부른다. 누구냐 넌.

아무튼 출근

글·사진 이지윤 @bichon_koopa / 에디터 조문주

회사 구조가 일반적인 회사와는 다른 느낌이에요.

저희 회사는 오래된 주택이 많은 서울 연희동에 위치해있어요. 쿠인턴과 함께 생활하려면 마당에 잔디가 깔린 주택이 좋겠더라고요. 100평 가까운 규모의 대형 주택에 2개의 회사가 오손도손 함께 근무하고 있어요. 브랜드 컨설팅 회사인 <에그플랜트팩토리>와 프리미엄 비건 케어 제품을 선보이는 <분코>가 한 지붕 두 식구인 데요. 쿠인턴의 엄마이기도 한 제가 두 회사를 함께 운영하다 보니, 자연스럽게 한 지붕 두 식구가 되었습니다.

사무실 분위기가 정말 편하고 자유로운 것 같아요.

회사를 운영하고 있는 제 마인드가 그래서 일 수도 있지만, 브랜드 컨설팅 회사들은 크리에이티브한 작업이 대부분이고, 분코의 특성상 트렌디한 제품들을 선보이다 보니 지금의 회사 분위기가 만들어졌어요. 대부분 점심도 안에서 요리를 해먹는 분위기라, 일반 사무실 형태의 회사와는 분위기가 다를 수밖에 없는 거 같아요. 코로나가 터지기 전에는 1년에 한 번은 무조건 해외 워크숍을 나갔을 정도로 직원들끼리 친분이 두터워요. 같이 여행을 다니기도 하고요.

강아지와 함께 출근하게 된 계기가 있나요?

저는 어렸을 때부터 늘 강아지와 함께여서 그런지 강아지와 함께
하는 일상이 너무나도 익숙했어요. 그런데 결혼을 계기로 친정에
서 부모님과 함께 키우던 강아지와 떨어져 살게 된 거예요. 익숙
했던 강아지의 존재가 사라지니 마음속에 늘 왠지 모를 허전함이
있었어요. 직원들이 동반 출퇴근에 적극 찬성하고 응원해 준 덕
에 쿠파와 가족이 될 수 있었죠. 그렇게 입양한 첫 날부터 지금까
지 매일 출퇴근을 함께 하고 있다 보니, 실제 쿠파를 키운 건 저희
직원들이라고 해도 과언이 아니에요. 쿠파는 여전히 사무실 직원
들의 사랑을 독차지하고 있거든요.

때로는 못된 도련님 같은 모습을 보일 때도 있지만요(웃음). 태어
나서 한 번도 사람이 없는 공간에 혼자 있었던 적이 없는 쿠파는
사람으로 치면 초긍정 초발랄한 성격을 가지고 있달까요? 매일
아침 "쿠파야 출근할까? 회사 갈까?" 하면 정말 자다가도 벌떡 일
어나서 꼬리를 흔들어요. 직업 특성상 야근이 잦은 제 옆에서 밤
늦게까지 함께 해주는 존재는 쿠파뿐이에요. 쿠파가 없는 사무실
은 상상할 수 없어요.

브랜딩 회사에요. 우리 쿠인턴은 어떤 직무를 맡고 있어요?

쿠인턴은 두 개의 회사를 오고 가며 생활하는, 세상에서 유일무이하게 Double Side Job을 가지고 있는 강아지일 거예요. 에그플랜트팩토리는 브랜드 전략부터 BI 디자인, 공간 디자인뿐 아니라 브랜드의 탄생부터 성장까지의 과정을 함께 하는 회사인 데요. 쿠인턴의 역할은 하드 워킹에 지친 직원들의 감정 조율 및 심장폭격을 담당하고 있습니다. 적절한 타이밍에 치고 빠지는 기술을 발휘해서 직원들에게 여유를 찾아주는 역할을 하고 있죠. 업무가 잘 안 풀릴 때에는 쿠피를 안고 소파에 잠깐 누워 있는 것만으로도 에너지가 충전돼요. 하루 종일 모니터만 보다가도 마당에 나가 쿠파와 함께 산책을 하면 피곤했던 눈도 정화가 되거든요. 프리미엄 비건 케어 제품을 선보이고 있는 분코에서 쿠인턴의 역할은 마스코트이자 제품 개발에 영감을 주는 페르소나죠. 분코는 어떠한 동물성 성분도 사용하지 않아요. 동물실험도 하지 않고요. 올비건 인증 제품만을 개발하기 때문에 처음 시작부터 모든 걸 쿠파와 함께 했어요. 분코라는 이름도 세상에서 가장 친한 친구(Boon Companion)에서 따온 말로 '강아지 그리고 가족을 위해 쓰는 비건' 제품을 제안하는 것이 특징입니다. 여러 제품 라인 중 쿠인턴이 샘플 개발에 참여한 '펫케어라인'은 성공적인 프로젝트로 불리며 많은 댕댕이 친구들에게 좋은 평가를 받기도 했어요.

다른 멍사원들도 종종 출근하나 봐요. 왠지 복지도 좋을 거 같아요.

강아지와 동반 출근할 수 있는 회사다 보니 가끔 직원들이 키우는 강아지들이 함께 출근하는 경우도 있고, 동네에서 알게 된 쿠파 친구들이 놀러 오는 경우도 있어요. 저희 사무실은 모든 댕댕이에게 열려있는 공간이랍니다. 특히 잔디가 깔린 마당, 넓은 거실과 많은 방이 있어 강아지들이 좋아할 수밖에 없는 구조를 가지고 있어요. 또 장난감이 많아 친구들과 함께 놀기에 최적화된 환경을 가지고 있습니다. 가끔 강아지 유치원이냐고 물어보는 분들이 있을 정도로 복지는 끝내주는 거 같아요(웃음).

Resume

이름 : 쿠파 (슈퍼마리오에 나오는 최종보스!)

생년월일 : 2016년 1월 31일   나이 : 6살

주소 : 연희동 주택에 사는 댕댕이

몸무게 : 8.7 kg (이용하면 100g 줄어듬)

직장명 : 에그플랜트팩토리 & 분코

재직기간 : 생후 50일 부터 지금까지

(이 경력이면 승진시켜줘야 하는거 아닌가...)

A 사원

출근하면 가장 신나는 강아지. 누나들이 혼자 뭐 먹는 모습을 못 견뎌함. 아무리 잠이 와도 요거트 냄새는 못 참음. 너무 똥을 많이 쌀 때 놀라움. 그래도 맨날 못 놀아 줘서 미안함. 하지만 난 일하러 왔고 넌 강아지야!

B 사원

대표님 아들. 낙하산 인턴이 라 모두가 모시고 있는 인턴. 하지만 사랑스러워서 참음.

C 사원

실패한 공동육아의 결과. 마마보이 솜털. 고인 물보 다 새로운 사람만 좋아하는 눈치 zero.

D 사원

두뇌가 명석하나 먹이가 없으면 쓰지 않음. 매 우 눈치가 빠르나 불리할 때 강아지인척 함. 장 래가 기대되는 인턴이지만 스스로 자존감이 높 아 사장처럼 행동함. 더욱 지켜볼 필요가 있음.

About Alone Time, Happy Waiting

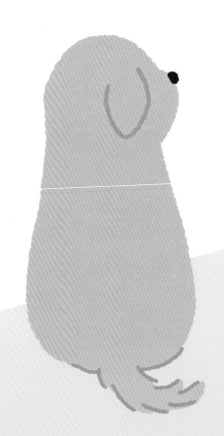

잠시 혼자 있어도 괜찮아요

코 끝을 스치는 고소한 냄새에 눈을 떠 몸을 일으킨다. 눈을 뜨니 보이는 통통한 젤리 발바닥. "잘 잤어?" 밤새 별일은 없었는지 서로 안부를 주고받는다. 오늘도 출근해야지. 졸린 몸을 일으켜 화장실로 향한다. 어느새 잠이 든 녀석. 눈을 뜬 순간부터 시선은 오롯이 나를 향해있었다. 피곤할 만도 하지… 부스스한 털을 한 번 쓰다듬어주곤 서둘러 출근 준비를 한 뒤 문밖을 나선다. "기다려, 금방 올게."

일러스트 오지원 / 에디터 조문주, 박조은

'오늘도 잘 있겠지?' 집을 나서는 발걸음 한 걸음에 마지막으로 나눴던 인사, 마주쳤던 눈빛이 밟힌다. 혹시 울고 있는 건 아닌지 밥을 안 먹지는 않을지 불안한 마음에 자꾸 안 좋은 생각이 머릿속을 가득 채운다. 반려견이 아니라 보호자가 분리불안을 겪는다 했던가. 아이를 두고 외출을 해야 하는 날엔 전날 밤부터 좀처럼 마음이 가라앉지 않는다. 집을 나서기 전, 혼자 있을 반려견을 위해 집 안 곳곳에 체취가 묻은 옷가지와 간식을 두고 나왔다. 벌써부터 보고 싶은 마음은 어쩔 수 없지만, 기다리는 시간 동안 조금은 덜 외롭기를 바란다. 가끔씩 내가 집을 비우는 동안 강아지가 외출을 할 수 있으면 좋겠다는 상상을 하곤 한다. 집 근처 카페에 가서 멍푸치노를 한 잔 마시며 오늘 저녁에 어떤 간식을 먹으면 좋을지 고민도 하면서 말이다. 강아지에게는 넷플릭스도, 친구와 이야기를 나눌만한 카페도, 맘껏 소리 지르며 스트레스를 풀 노래방도 없으니까.

한참 '반려'의 의미에 대해, 함께하는 삶에 대해 고민하던 때의 일이다. 말을 할 수 없는 반려견들은 어떠한 상황에서도 선택권이 없다는 생각에 스스로를 한없이 이기적인 사람으로 만들었다. 누군가가 고민하고 있는 내게 이렇게 말했다. "아이들은 우리가 생각하는 것보다 훨씬 더 강해요." 어쩌면 나는 보호자라는 울타리 안에 아이들을 한없이 약한 존재로 가뒀는지도 모르겠다. 씩씩한 모습으로 혼자만의 시간을 보내며 낮잠을 자고 있을 수도 있다. 반려견을 집에 잠시라도 혼자 두어야 하는 보호자들에겐 "강아지를 집에 혼자 그렇게 둘 거면 키우면 안 되는 거 아니에요?" 라는 불편한 질문들이 한없이 마음을 아프게 한다. 보호자들도 반려견과 하루 종일 함께하고 싶다. 일찍 퇴근하고 싶고 여행도 매일 다니고 싶다. 하지만 어쩔 수 없지 않은가. 이 글을 읽는 모든 반려인이 걱정을 조금 내려놓길 바란다. 우린 주어진 환경 내에서 최선을 다해 노력할 뿐이다.

퇴근 후 집으로 돌아가는 길. 매일 반복되는 퇴근길이지만 행복한 표정으로 꼬리를 흔들며 기다리고 있을 아이를 생각하니, 괜스레 발걸음이 빨라진다. 오늘따라 신호등은 왜 이리 늦게 바뀌는 건지 야속할 뿐이다. 빨리 집으로 가 온 힘을 다해 꽉 안아주고 싶다. 인사 후엔 산책도 가야지. 어느새 다다른 집 앞. 콩콩 소리를 내며 냄새를 맡는 반가운 소리가 들린다. 하루 종일 머릿속을 가득 채웠던 걱정들을 지우려는 듯 너는 너무나도 밝고 의젓하게 함께 있던 공간을 채웠구나. 문이 열리면 기다렸던 모든 시간을 보상해 줄 행복을 선물해줘야겠다. 잠시 떨어져 있어도 괜찮다. 아이들은 우리가 생각하는 것보다 훨씬 더 강하니까.

Have A Good Day

매일 아침 해가 뜨면 엄마는 밖에 나가요. 항상 함께 있고 싶지만, 나는 멋진 어른 강아지니까 괜찮아요. 엄마가 좋은 하루를 보냈으면 좋겠어요. 집에 돌아올 때 맛있는 간식을 사오면 더 좋겠고요.

How's It Going?

오늘 날씨가 참 좋아요. 창 밖을 바라보는 건 정말 재밌어요. 앗, 어제도 만났던 새들이 지나가요. 멍멍 짖으며 반갑게 인사했는데 안 들리나 봐요. 엄마가 돌아오면 산책 나가자고 발을 동동 굴러볼까 봐요.

I'm Dreaming Of You

나는 엄마 이불에서 낮잠을 자는 걸 제일 좋아해요. 몰래 숨겨뒀던 양말도 챙겨왔어요. 엄마 냄새를 맡으면서 자면 좋은 꿈을 꾸거든요. 오늘은 무슨 꿈을 꾸게 될까요? 어제 산책 가서 만났던 친구들이랑 들판을 신나게 달리는 꿈을 꾸면 좋겠어요.

Welcome, My Love

내가 제일 좋아하는 시간이에요! 문 밖에서 엄마의 발자국 소리가 들리면 벌써 신이 나서 엉덩이가 들썩들썩 해요. 엄마, 오늘도 잘 다녀왔어요? 친구들 많이 만나고 왔어요? 내 생각은 많이 했나요? 세상에서 제일 사랑해요. 오늘도 무사히 돌아와줘서 고마워요. 기다리는 시간 끝에 엄마가 있어서 행복해요.

LITTLE Q

"안내견만이 저와 24시간을 함께 보냅니다.
떨어질 수 없는 동반자예요."

영화 <리틀 큐>는 시각장애인을 돕는 안내견(Guide Dogs for the
Blind)의 이야기로 아시아에서 3억 부가 판매된 소설이 원작인 작
품이다. 안내견은 시각을 잃은 이들이 길을 찾을 수 있게 돕고, 그
들을 크고 작은 위험에서 보호하는 역할을 한다. 현재는 주로 엄
격하게 훈련받은 리트리버 종이 안내견으로 활동하고 있다. 리틀
큐는 리트리버의 탄생을 시작으로 이들이 어떤 과정을 통해서 안
내견이 되고, 주인과 교감하는지를 담았다.

"많은 사람이 안내견이 불쌍하다고 하죠. 끊임없이 일하면서
자유는 없다고. 하지만 안내견은 24시간 내내
주인 곁에 있을 수 있고, 모든 것을 주인과 나눌 수 있으니까
그것도 나름의 행복이에요."

안내견의 존재를 알지만, 이들이 든든한 조력자가 되는 과정을
잘 모르는 이들이 많다. 태어날 때부터 많은 관문을 통과해야 하
는데 우선 안내견으로 적합한 품성, 그리고 혈통이 검증된 강아
지들이 선택된다. 그리고 생후 7주가 지난 강아지들은 일반 가정
에 위탁되어 사회화 과정을 거친다. 이때 다양한 훈련을 소화하
고, 1년 뒤엔 안내견으로서 적합성 테스트를 받게 된다. 여기서
합격해야 본격적인 안내견 코스를 밟을 수 있으며, 이 모든 과정
을 통과할 확률은 30% 정도라고 한다.

에디터 강해인

리틀 큐는 리트리버 'Q'의 탄생부터 그 뒤를 따라가며, 안내견의 삶을 조명한다. 영화의 갈등은 시각장애인 'Lee'와 Q가 만나는 순간 고조된다. 시각을 잃은 뒤 세상에 화가 나 있던 Lee는 매칭 단계에서 안내견에게 호의적이지 않고, Q는 많은 시련을 겪게 된다. 하지만 Q는 늘 그의 곁을 지켰고, 이런 헌신적인 모습에 Lee도 마음을 연다. 그리고 Q 덕분에 Lee는 다시 세상으로 나올 수 있었다. 이 과정에서 안내견이 주인을 얼마나 믿고 따르는지, 시각장애인에게 어떤 희망을 줄 수 있는지, 반대로 시각장애인이 안내견에게 어떻게 사랑을 돌려줄 수 있는지 등을 볼 수 있다.

좋아하는 공놀이를 하지 못하는 것부터 일반적인 강아지와는 다른 길을 걷는 Q의 모습은 안타까울 때가 있다. 반려인이 주는 음식 외에는 먹지 않고 굶으며 욕구를 억제하는 모습과 위험에 몸을 던지는 모습은 대견하지만 동시에 안쓰럽게 보일 수도 있다. 리틀 큐는 이런 모든 안내견에게 찬사를 보내며 한 마디를 덧붙인다. 시각장애인 역시 안내견에겐 전부이고, 두 존재는 24시간 모든 걸 공유하며 의지하며 행복을 만들어 간다고. 이 영화로 막연히 알던 안내견의 고민과 삶, 그리고 그들의 행복에 다가가 보는 건 어떨까?

날씨가 맑은 봄날, 나는 오늘도 세상 공부를 하기 위해 퍼피 워커와 함께 밖에 나왔다. 밖에 나올 땐 '안내견 공부 중입니다'라고 적힌 주황색 조끼를 입는데, 이 조끼를 입으면 난 어디든 갈 수 있다. 위풍당당하게 거리를 걸어본다. 지나가는 사람들이 날보고 한 마디씩 한다. "어머, 저 아기 리트리버 좀 봐. 너무 귀여워."

오늘의 학습 목표는 사람들이 많이 있는 공간에서 차분하게 있는 방법을 배우는 것이다. 집과 조금 거리가 있는 백화점에 가서 사람들을 구경하고 올 것이다. 백화점에 가기 위해 버스 정류장에서 마을버스를 기다린다. 버스가 오고 문이 열린다. 버스 기사 아저씨는 나를 보고 잠깐 당황하지만 이내 방긋 웃으며 인사를 건낸다. "안녕? 고놈 참 기특하네." 버스에 타서 창밖으로 빠르게 지나가는 풍경을 바라본다. 나는 아직 세상의 모든 것이 궁금하다. 지나가는 강아지 친구들, 새, 고양이, 꽃 모두가 반갑다. 그중에 내가 제일 좋아하는 건 당연히 사람이다.

버스에서 내려 백화점에 도착했다. 사람들이 바글바글하다. 달콤한 냄새가 나는 사람도 있고, 상큼한 냄새가 나는 사람도 있다. 여기저기 냄새를 맡으며 천방지축 다니다가 너무 신나서 그만 바닥에 오줌을 찔끔 싸고 말았다. 오줌은 정해진 곳에서만 싸기로 약속했는데… 퍼피워커는 침착하게 가방에서 휴지를 꺼내 바닥을 닦는다. 백화점 점원이 뛰어 나와서 청소를 도와준다. 점원은 웃으며 말한다. "너 공부 열심히 해야겠구나!"

여느 안내견 언니 오빠들처럼 점잖은 모습을 보이지 못했지만 꾸중을 듣지는 않았다. 나는 아직 아기이고, 열심히 배우고 있는 중이니까. 오히려 퍼피워커는 나와 눈을 맞추고 이렇게 이야기해준다. "매일 함께 걷다 보면 학교에 가서도 잘 해낼 수 있을 거야." 나도 미소 지으며 대답한다. "함께 걸을 수 있어서 정말 행복해요."

글·사진 경혜림 @gongto_minbak / 에디터 박조은

함께 걸을 수 있어 행복해요

<공토민박>을 소개해 주세요.

안녕하세요. 저는 퍼피워킹과 홈보딩 자원봉사를 하고 있는 경혜림입니다. <공토민박>은 저희 집에서 처음 퍼피워킹을 했던 '공주'와 두 번째 퍼피워킹을 했던 '토미'의 이름을 따서 지은 명칭이에요. 깨발랄한 예비 안내견부터 한없이 점잖은 은퇴 안내견까지 함께 지내면 서, 리트리버의 매력에 푹 빠졌어요. 어느새 민박집 아줌마라는 타이틀이 이제 제 삶의 소중 한 한 부분이 되었죠. 지금은 퍼피워킹 봉사를 마치고 '초원'이라는 14살 은퇴 안내견과 함 께 지내고 있어요.

퍼피워킹은 어떤 봉사인가요?

퍼피워킹은 예비 안내견을 가정에서 1년 간 돌보며 다양한 일상을 경험하게 해주는 자원봉 사예요. '예비 안내견'이 정식 명칭이지만 통상 '퍼피'라고 부른답니다. 퍼피워커는 1년 동안 퍼피의 생활 패턴에 맞춰 생활하게 되고요. 퍼피가 사람에 대한 긍정적인 생각을 갖도록, 또 세상은 두려운 곳이 아니라는 걸 느끼도록 도와주는 역할을 합니다. 퍼피는 안내견 공부 중 이라는 글씨가 쓰여 있는 주황색 조끼와 보건복지부에서 발급한 보조견 표지를 조끼 옆구 리에 부착하는 데요. 이 조끼를 입으면 어디든 갈 수 있어요. 버스도 타고, 지하철도 타고, 식 당도 다니고요. 퍼피들은 1년 동안 퍼피워킹을 한 후 다시 안내견 학교로 돌아가요. 퍼피워 커에게는 가장 슬픈 이별의 시간이죠. 안내견 학교로 돌아 간 후 훈련사 선생님들과 본격적 인 훈련이 시작되는 거예요. 대략 7-8개월의 훈련 기간을 거치는 데요. 퍼피는 이 기간 동안 3번의 테스트를 받게 돼요. 억지로 훈련을 시키는 것은 아니고 안내견 활동을 즐기며 할 수 있는 친구를 찾아낸다고 생각하는 것이 맞을 것 같아요. 훈련과 테스트를 통과해서 안내견 이 되는 확률은 통상 30%이고요. 나머지 친구들은 퍼피워킹 가정으로 다시 돌아가거나 일 반 입양 대기자 가정으로 입양됩니다.

시험에서 합격한 퍼피들은 시각장애인 파트너와 매칭되어 안내견으로 활동하다가 10살 전 후로 은퇴를 해요. 은퇴 이후에는 은퇴견 홈 케어 자원봉사 가정에서 지내다 여생을 마감하 죠. 파트너의 다른 가족에게 입양되는 경우도 있어요. 파트너의 의견이 가장 우선이랍니다. 홈보딩은 퍼피워킹 중인 퍼피나 은퇴견을 잠시 집에서 돌봐 주는 봉사예요. 퍼피의 경우는 짧은 기간 다른 곳에 가 있더라도, 훈련이 흐트러지지 않기 위해서 퍼피워킹 경험이 있는 다른 가정과 연결이 돼요. 퍼피들은 이렇게 여러 사람의 도움으로 가장 소중한 시기인 1년 을 보내게 되죠.

가치 있는 일을 하고 계시네요. 존경스럽습니다. 봉사는 어떻게 시작하게 되셨는지 궁금해요.

지인의 가정에서 퍼피워킹 봉사를 먼저 시작했어요. 이걸 본 저의 두 딸이 너무나 간절히 퍼피워킹을 원했어요. 하지만 저는 어린 시절부터 개를 무서워했던 사람이라 엄두가 나질 않았죠. 일 년 동안 고민했고, 결국 결심했어요. 그렇게 저의 첫 번째 퍼피 '공주'와 만났답니다. 처음이다보니 실수가 많았지만 그만큼 추억도 많았던 1년이 지나고 공주를 다시 안내견 학교로 보냈어요. 이후 도움이 필요한 퍼피들의 홈보딩을 시작하게 되었죠. 그러던 중 두 번째 퍼피 '토미'를 만나게 되었고, 지금 함께 살고 있는 은퇴견 '초원이'까지 자연스럽게 봉사가 이어졌어요.

다양한 시선 속에서 퍼피워킹을 진행하고 계시요. 쉬운 일은 아닐 것 같아요.

퍼피를 데리고 외출하는 것이 쉬운 일은 아니에요. TV에 나오는 점잖은 안내견들과는 다르게 어린 퍼피들은 정말 천방지축이거든요. 사람들의 시선도 다양해요. 식당 등의 공간에서 출입 거부를 당하면 정말 힘이 빠져요. "큰 개를 데리고 다니면서 왜 입마개를 안 하냐"며 따지듯 이야기하시는 분들도 있고요. 그래서 밖으로 나설 땐 항상 긴장이 돼요. 또 안내견은 사람을 위해 희생하는 아이라며 불쌍하게만 보시는 분들도 계세요. 사실 안내견들의 훈련은 '긍정 강화 훈련'이라는 방식으로 진행돼요. 본능을 억제하고 참는 걸 가르치는 게 아니라 잘한 행동을 칭찬하면서 행동을 강화 시키는 방식이죠. 무엇보다 매일 사람과 즐겁게 산책하고 어디든 함께 다닐 수 있어서 누구보다 행복한 강아지가 바로 안내견들이에요. 그저 따뜻한 시선으로 바라봐 주시면 좋겠어요. 그래도 요즘엔 국회에 안내견을 데리고 다니는 의원분도 계시고, 매체에도 많이 노출이 되어서 그런지 이전보다 출입 거부나 승차 거부는 많이 줄어든 편이에요. 처음엔 살짝 머뭇거리시다가 버스에 태워 주시고는 "그놈 기특하네"라고 칭찬해주시는 버스 기사님을 만나기도 하고, "다른 손님들이 뭐라고 하면 저에게 이야기하세요"라고 멋지게 이야기 해주시는 식당 사장님을 만나기도 했어요. 이런 분들을 만나고 나면 더 열심히 데리고 다니면서 더 많은 사람에게 보여주겠다는 사명감이 마구 생긴답니다.

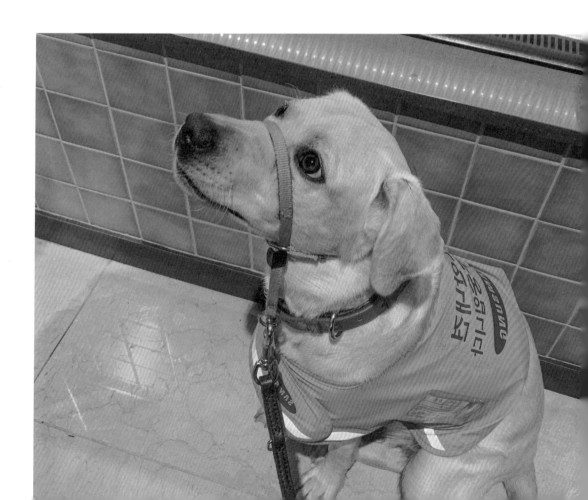

많은 일을 겪으셨겠어요. 특별히 기억에 남는 에피소드가 있으신가요?

토미가 한참 배변 훈련을 하고 있을 때였어요. 여느 때처럼 백화점에 퍼피워킹 공부를 하러 갔죠. 그런데 토미가 사람이 많아서 흥분을 했는지 갑자기 사람이 많이 다니는 통로 한가운데서 오줌을 싸버린 거예요. 제가 당황해서 허둥지둥하고 있을 때 바로 앞 매장 직원이 휴지를 들고나와 함께 치워 주셨어요. '저는 안내견 공부 중입니다'라고 쓰인 조끼의 문구를 보시고 "공부 열심히 하자"라고 웃으며 말씀해 주셨는데 그때 얼마나 고마웠는지 몰라요. 정말 민망했지만 그래도 공부를 하러 갔으니 자리를 살짝 옮겨서 가만히 사람 구경을 했어요. 분위기에 익숙해지도록 한참을 있다가 나왔죠. 당황스러움과 고마움, 그리고 뿌듯함까지 느낀 경험이라서 기억에 남네요. 이렇듯 퍼피워킹을 하다 보면 어딜 가든 시선이 집중되는 일이 많아요. 겉으로는 태연한 척하지만 사실 속으로는 엄청 긴장하고 어떤 상황에도 평정심을 유지하려고 많이 노력한답니다. 또 퍼피와 걷다 보면 다가와서 이런저런 질문을 하시는 분들이 꽤 있어요. 저는 내향적인 편이지만 퍼피워킹을 하는 동안 낯선 사람들과 말을 많이 하면서 조금 더 씩씩해지기도 했어요.

혜림님의 퍼피워킹, 앞으로도 계속될까요?

퍼피워킹 봉사를 하며 시각장애인분들을 만나게 되었어요. 그러면서 함께 사는 세상에 대해 생각하게 되었죠. 함께 사는 세상을 만드는 데에 작은 도움을 보태고 있다는 생각에 뿌듯합니다. 그래서 어떤 형태로든 안내견 관련 봉사를 이어가고 싶어요.

저는 지금 은퇴한 안내견 14살 초원이와 지내고 있어요. 우선은 초원이가 남은 생을 즐겁게 살다 가도록 돌보는 데 최선을 다할 예정이에요. 퍼피워킹 외에도 은퇴견들을 돌보는 홈케어 자원봉사도 있으니 은퇴견 봉사에도 관심이 좀 더 많아졌으면 하는 바람이 있습니다. 갈 곳 없는 안내견들을 잠깐씩 돌봐 주는 홈보딩도 계속 이어 나갈 것 같아요. 퍼피워킹 봉사도 다시 한 번 해보고 싶긴 한 데 어느새 세상에 퍼피워킹이 많이 알려져서 이제는 퍼피워킹을 하려면 5-6년씩 대기해야 할 만큼 대기자가 많아졌어요. 새로운 분들께 기회를 드리는 게 맞다는 생각이 들어요. 저처럼 필요할 때 바로 도움 줄 수 있도록 대기하는 사람도 있어야 할 것 같고요. 그래서 계속 지금처럼 지낼 생각입니다.

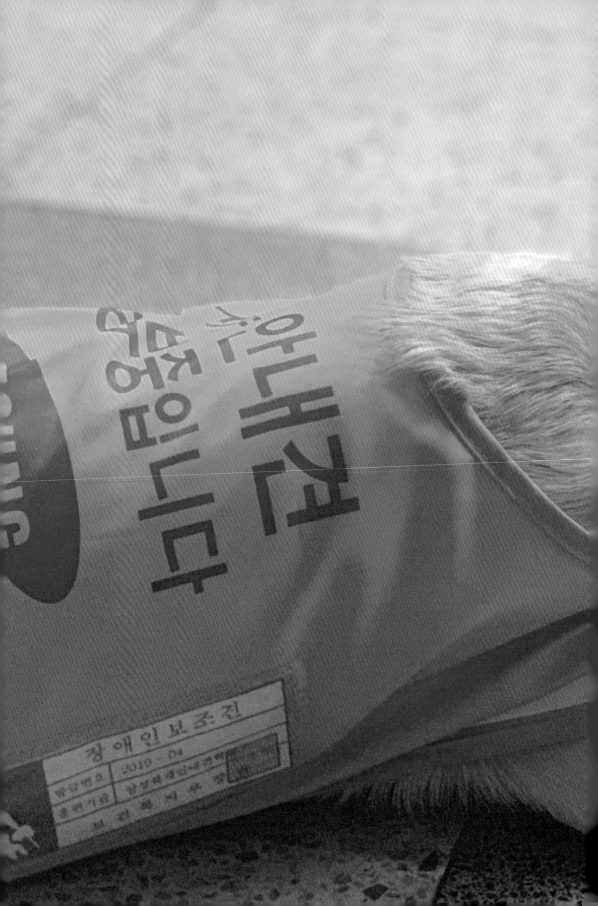

Garden of Water

Namyangju Promenade

사진 한찬희 @glowhan / 에디터 박재림

89

Walking In The Nature

아지랑이가 코 끝을 간질이는 봄이 찾아왔다. 괜스레 마음이 붕 뜨는 계절, 멀지 않은 곳이어도 좋으니 훌쩍 떠나고 싶다. 우리 댕댕이와 함께하는 건 당연지사. 서울 근교에 강아지 동반이 가능한 수변생태공원이 있다. 이번 주말 댕댕이 손을 잡고 봄을 만끽할 곳, 경기도 남양주시에 위치한 <물의 정원>이다.

국토교통부가 2012년 '한강 살리기 사업'의 일환으로 조성한 대규모 공원인 물의 정원. 전체 면적이 약 50만 제곱미터(㎡)로, 춘천 남이섬(46만 ㎡)의 크기와 비슷하다. 이 넓은 공원은 다양한 식물이 숨을 쉬고, 북한강이 주위를 유유히 돌고 흐르며, 인근 운길산이 정기를 전하는, 자연의 정직한 매력이 덤덤하게 내려앉은 곳이다.

물의 정원이 만족도 높은 강아지 산책길로 추천 받는 이유는 다양한 코스 덕분이다. 이 곳은 테마에 따라 '강변산책길' '물마음길' '물빛길' '물향기길', 총 4개 구역으로 나뉜다. 골라먹는 아이스크림을 한 스쿱씩, 한 통에 여러가지 맛을 모아둔 것 같다고 할까. 각자 특징이 있는 구역을 산책하는 댕댕이의 달달한 표정이 눈앞에 그려진다.

'강변산책길'은 북한강변을 따라 여유롭게 걸을 수 있는 곳으로, 초입의 아치형 다리 '뱃나들이교'와 아름드리 버드나무가 유명하다. 봄의 버드나무는 풍성한 초록색 이파리로 시선을 사로잡는다. 버드나무를 배경으로 댕댕이와 기념사진을 찍을 때 뱃나들이교를 같은 프레임에 넣으면 더욱 멋드러진 연출이 가능하다.

정원 뒷길이라고 할 수 있는 '물향기길'은 강아지가 뛰어놀 만한 구조물이 있어 좋다. 또 하트 모형, 액자틀 모형 등 포토존이 다양하게 준비되어 있다. '물빛길'은 연꽃습지가 있어 다양한 수변식물을 볼 수 있는 곳으로, 봄철이 지나고 7~8월이 되면 만개한 연꽃이 장관을 이룬다. 운길산 등산로로 연결되는 '물마음길'은 들꽃들이 수수하게 흐드러지는 물마음마당이 포인트다.

봄날의 물의 정원은 사실상 '꽃의 정원'이라고 할 수 있을 만큼 다양한 꽃이 마음을 간질인다. 붉은색 양귀비꽃, 노란색 수선화, 분홍색 지면패랭이꽃, 하얀 개망초, 파란색 수레국화가 공원을 알록달록하게 채색한다. 가을에는 코스모스가 이들을 대신한다.

보다 특별한 산책법도 있다. 동 트기 전 물의 정원에 도착해서 강아지와 함께 일출을 바라본 뒤 조용하게 아침 산책을 하는 것이다. 또 물의 정원에는 자전거 도로가 있어서 강아지를 포대기로 안고 함께 자전거를 타는 것도 가능하다.

연중무휴, 무료입장이 가능한 물의 정원은 동네 주민뿐 아니라 외부인도 많이 찾는 곳이다. 때문에 강아지와 함께 왔을 때는 반려견 에티켓을 지키는 것이 중요하다. 리드줄(목줄)을 하고 항상 보호자의 시야 안에 반려견을 두어야 한다. 배변봉투는 기본. 면적이 넓은 공원인 만큼 강아지용 물병도 챙기면 좋다.

봄에는 특별히 더 신경 써야 할 부분이 있다. 여러 종류의 식물이 많은 곳이기 때문에 진드기 관련 위험싱이 높을 수밖에 없다. 날파리가 기승을 부리는 시기이기도 하다. 산책 전 강아지에게 해충방지제를 뿌리거나 바르고, 산책 후에도 몸을 잘 확인해야 한다. 또한 양귀비와 수선화는 강아지 건강에 좋지 않은 영향을 끼칠 수도 있으니 신경을 써야 한다.

Walking In Nagan

Suncheon Promenade

Walking In The History

봄엔 잠들었던 세상이 깨어나고, 멈췄던 시간이 다시 흐른다. 모두가 생기를 찾는 계절이다. 그런데 이 계절에도 여전히 시계가 멈춘 듯한 곳이 있다. 따뜻한 남쪽에서 조선시대를 간직한 <낙안읍성>. 이곳에서 반려동물과 함께 시간을 뛰어넘는 여행을 준비해 보는 건 어떨까.

전라남도 순천시에 위치한 낙안읍성은 600년이 넘는 긴 역사를 간직한 곳으로, 국내 3대 읍성 중 보존 상태가 가장 좋은 유적지다. 동시에 반려동물이 자유롭게 입장할 수 있고, 함께 이용할 수 있는 식당과 카페도 다수 있어 반려인들의 추천 여행지로 입소문을 타고 있다.

연간 수십 만 명이 찾는 곳이라 방문에 어려움은 없지만, 알아둘 것이 몇 가지 있다. 먼저, 낙안읍성의 이용 시간은 월별로 다르다. 2~4월은 오전 9시부터 오후 6시까지, 5~9월은 오전 8시 반부터 오후 6시 반까지 이용할 수 있으니 참고하자. 앞서 다녀온 방문객 후기를 보면 굉장히 넓은 지역이라 걷기에 좋다는 평과 함께, 그늘이 없는 곳이 많아 조금은 힘들었다는 평도 있다. 반려인과 반려동물이 마실 물을 충분히 챙겨 방문하자.

낙안읍성은 크게 읍성 안과 성곽길로 구분할 수 있고, 전체를 다 둘러보는 데엔 90분 정도가 소요된다. 이곳에서는 도시에서 쉽게 만날 수 없는 흙길을 밟으며, 들판에 펼쳐진 다양한 풀과 봄꽃을 볼 수 있다. 곳곳의 냄새를 맡으며, 자유롭게 뛰어다닐 수 있는 산책길이라 반려견의 활발한 노즈워크를 기대할 수 있다.

읍성 안에선 시간이 거꾸로 흐르는 듯한 마을을 만날 수 있다. 지금도 사람이 거주하기에 생생한 산책길을 체험할 수 있으며, 역사 유적의 특징을 살린 다양한 체험존도 마련되어 있다. 이중 반려견과 방문하기 좋은 곳은 단연, 드라마 <내장금> 촬영지다. 낙안읍성은 그 밖에도 드라마 <허준>, 영화 <광해> 등을 촬영한 명소다. 조선 시대의 분위기를 만끽하며 반려견과 인생 사진을 남겨보면 어떨까.

읍성 안이 다양한 향기 덕에 코가 즐거운 곳이었다면, 성곽길은 탁 트인 풍경으로 눈이 즐거운 곳이다. 계단으로 올라갈 수 있는 성곽길에서는 시원하게 불어오는 바람을 맞으며 낙안읍성을 내려다볼 수 있다. 성벽은 좌우 폭이 걷기에 적당하고, 높이도 부담스럽지 않아 반려견과 안전하고 즐거운 산책을 즐길 수 있다. 초가지붕 옆에서 나란히 걷는 이색적인 경험은 낙안읍성의 자랑이다.

낙안읍성은 반려인과 반려견에게 서로 다른 즐거움을 주는 공간이다. 반려인에겐 지나간 시간을 헤엄치는 기분을, 반려견에겐 광활한 자연이 주는 다양한 감각을 느끼게 한다. 그리고 도심에서는 상상하기 힘든 여유로움 속에서 힐링을 할 수 있다는 건, 반려인과 반려견 모두에게 특별한 선물 아닐까. 이번 봄, 이 소중한 순간을 만나기 위해 낙안읍성으로 떠나자.

ALWAYS RUNRUN RUN

동해안에서 가장 먼저 해를 볼 수 있다는 울산 간절곶. 그곳에서 차로 약 10분 거리(울산 울주군 서생면 홍골들길 41)에 강아지운동장 <개들랜드>가 있다. 전체 규모 4000평 이상의 너른 잔디밭에서 강아지들이 마음껏 뛰노는 공간으로, 비가 오나 눈이 오나 연중무휴 반려견과 반려인을 초대하는 곳이다. 개들랜드는 부산 기장군에서 약 3년 간 운영하다 2021년 초 현위치에서 다시 문을 열었다. 앞선 경험을 바탕으로, 강아지와 보호자가 보다 넓은 곳에서 마음 편하게 시간을 보낼 수 있도록 설계를 했다. 가장 대표적인 예가 둥근 형태의 잔디 운동장. 넓은 부지임에도 한 눈에 시야가 확보되어 시원한 개방감을 느낄 수 있고, 아무리 활동량 많은 강아지라도 보호자가 한 번에 찾을 수 있다는 장점이 있다.

이민정 개들랜드 대표는 "자재를 선택할 때도 강아지들의 건강을 고려했다. 보통 많이들 사용하는 플라스틱합성목재는 내구성은 뛰어나지만 태양열에 영향을 많이 받아서 강아지가 발바닥 화상을 입기 쉽다. 돈은 조금 더 들더라도 친환경건축자재를 사용하는 게 당연했다"며 "설계 단계부터 반려동물과 보호자의 안전, 동선, 시선 등을 세심하게 고려했다"고 밝혔다.

이처럼 반려견과 반려인의 눈높이에서 볼 수 있는 것은 이민정 대표 자신이 반려인이기 때문이다. 20대 시절을 강아지 '복실이'와 함께한 그는 당시 유럽여행 중 반려동물들이 카페, 레스토랑 등에서 사람들과 자연스럽게 함께하는 모습에 신선한 충격을 받았다고 한다. 그때 이 대표는 언젠가 복실이가 다른 강아지들과 함께, 사람들의 보호를 받으며 뛰놀 수 있는 공간을 만들겠다고 결심했다. 시간이 흘러 복실이는 무지개다리를 건넜지만 그 뒤 '로미(10살 포메라니안)' '콩알이(8살 장모 치와와)'를 반려하며 이 대표는 조금씩 조금씩 꿈을 키워나갔다. 2017년 '첫 번째' 개들랜드를 오픈하며 마침내 꿈을 현실로 만든 그는 "날씨가 좋은 날이면 복실이 생각이 많이 난다. 하늘나라에서 우리를 지켜보며 개들랜드를 응원하고 있을 것"이라고 말했다.

따스한 꽃바람이 유영하는 봄은 강아지 운동장을 찾는 손님이 특히나 많은 계절이다. 그런데 봄은 진드기 등 해충이 기승을 부리는 시기이기도 하다. 천연잔디 운동장이 메인이라고 할 수 있는 개들랜드는 철저한 방역과 관리에 자부심을 드러냈다. 이민정 대표는 "진드기 등 해충이 '여기선 도저히 못 견디겠다'고 도망칠 정도로 잔디 관리를 한다"고 강조했다.

이어 "친환경 약제(잔디 역시 하나의 생명이므로)를 야간에 살포한 뒤 다음날 오전 대형 스프링클러로 싹 씻어낸다. 그리고 진드기가 서식하지 못하도록 잔디를 짧은 길이로 유지하고, 잡초는 보이는 즉시 제거한다. 운동장 잔디뿐 아니라 가장자리의 수풀도 관리를 한다. 그 덕분인지 부산 시절부터 진드기 이슈는 한 번도 없었다"고 전했다.

개들랜드 영업시간(am 11~pm 9) 전후 섹션별 대청소는 기본. 오는 6월부터 사용 가능한 수영장 역시 여과기를 설치해 청결을 유지한다. '냄새 안 나는' 애견카페이자 강아지 운동장이 목표였다는 이민정 대표는 프로페셔널하고 애사심이 대단한 직원들 덕분에 위생이 철저하게 유지될 수 있다며 고마움을 전했다.

개들랜드는 비가 오는 날에도 운영을 한다. 위치가 번화가 및 주거지와 거리가 있는 편이라 손님이 날씨 때문에 헛걸음하는 경우가 없길 바라서다. 보호자를 위한 우산은 물론 반려견용 우비도 사이즈별로 준비되어있다. 자체 개발한 셀프목욕시설도 우천 시에는 할인된 가격으로 사용 가능하다. 스페셜티원두를 사용한 커피와 차, 베이커리 등 식음료에도 신경을 썼다.

이민정 대표는 "이전에는 '강아지들이 편하게 노는 곳'을 추구했다면, 결혼을 하고 딸이 태어난 이후로는 '강아지들과 사람이 함께하는 곳'을 바라게 됐다"며 "개들랜드가 보호자 분들에게도 차 한 잔 하면서 여유롭게 계절의 매력을 만끽할 수 있는 공간이길 바란다. 이곳은 도심에서 살짝 벗어난 곳이라 석양과 밤하늘이 정말 아름답다. 바쁜 일상에서 벗어나 하늘 한 번 올려다볼 수 있는 곳"이라고 자랑했다.

개들랜드는 12kg 미만 강아지만 입장이 가능하다. 이 대표는 "같은 반려인 입장에서 차별을 두고 싶지는 않지만 시설 안전 문제 등으로 부득이하게 그렇게 됐다. 정말 미안하다. 환경이 마련되면 '중형견데이' '대형견데이'를 따로 만들어서 운영할 계획이 있다"고 말했다.

"약 5년 간 개들랜드를 운영하면서 많은 강아지 손님들을 만났어요. 사랑스러운 친구들 덕분에 긍정적인 영향을 듬뿍 받았죠. 특히 포페라니안 '사랑이'는 어찌나 사람을 기분 좋게 해주던지 제 딸도 그렇게 자라길 바라며 사랑이라고 이름을 지었답니다. 꿍이, 밍밍이, 키르, 뚜뚜 등 기억에 남는 친구들이 많아요. 앞으로도 개들랜드가 강아지들이 즐겁게 뛰어놀며 좋은 에너지를 내뿜는 공간이길 바라요. 개들랜드가 누군가의 롤모델이 되는 것, 또 언젠가 애견 동반 펜션과 스튜디오를 만드는 것이 제 꿈이랍니다."

글·사진 이민정 개들랜드 대표 @doglandkorea / 에디터 박재림

STAY
TOGETHER,
SHARE
OUR TIME

봄이면 세상은 우리를 맞을 준비를 한다. 죽은 듯 고요했던 회백색 땅엔 새 옷을 입은 꽃들이 나와 인사하고, 겨울잠을 자던 동물들도 힘차게 기지개를 켠다. 이렇게 밖으로 나오라고 곳곳에서 신호를 주는데, 집에서 가만히 있을 수는 없다. 특히 겨울철 외출이 줄었을 반려견들은 온몸으로 이 봄을 느낄 의무가 있다. 너와 내가 함께 봄의 향기를 느낄 수 있는 곳, 어디 없을까?

Timevillas   에디터 강해인

자연을 품은 타임빌라스

경기도 의왕시 학의동에 위치한 '롯데 프리미엄 아울렛 <타임빌라스>'는 '시간(Time)'과 '별장(Villa)'을 더한 표현으로, '시간도 머물고 싶은 공간'이라는 의미를 가지고 있다. '유럽풍 시골 저택'이라는 의미를 가진 'Villa'에서 추측할 수 있듯, 자연과의 조화를 고려해 조성된 공간이다. 17만 평의 타임빌라스는 지하 2층에서 지상 2층으로 이뤄져 있으며, 이는 저마다 독특한 색깔을 가진 다섯 개의 공간으로 구분된다.

THE STATION: 타임빌라스의 모든 공간과 연결된 유리 돔 광장.
GLASS VILLE: 자연과 조화를 이룬 10개의 체험형 글라스 하우스.
FINE VILLE: 개폐형 루프, 유리 천장을 가진 모던한 쇼핑몰.
PLAY VILLE: 반려동물과 함께 피크닉을 즐길 수 있는 자연 공간.
TASTY GROUND: 다양한 국가의 요리를 만날 수 있는 지하 식당가.

반려견과 함께 다양한 문화활동을 공유할 수 있다는 건 타임빌라스의 가장 큰 매력이다. 동시에 다른 반려견 가족을 보고, 서로의 문화를 공유할 수 있기에 예상하지 못했던 즐거움도 만날 수 있다. 주중/주말 관계없이 10:30~21:00 영업 중이고, 구매 금액별 무료 주차도 가능해 이용에 부담이 적다. 하지만 처음은 모두 낯선 법. 방문을 망설이고 있을 반려인들을 위해 미니 가이드북을 준비했다.

반려동물을 향한 배려가 돋보이는 공간

우선 반려동물 동반 출입에 관한 규칙이 구역별로 달라 숙지가 필요하다. 맹견을 제외한 종은 필수 예방접종 및 동물등록이 완료되어 있다면, 입장할 수 있다. 입장 후에는 구역에 따라 리드줄과 펫캐리어 지참이 필요하다. 간단히 정리하면 실외에서는 리드줄, 실내에서는 펫캐리어나 펫모차가 있다면 대부분의 공간에서 함께할 수 있다. 'TASTY GROUND'를 비롯해 식당에서도 펫모차 입구를 닫아두면, 동반 입장이 가능하다.

워낙 방대한 공간이라 첫 방문 시에 헤매는 이들이 있다. 이럴 땐, 당황하지 말고 2층에 위치한 서비스 라운지를 방문하자. 이곳에서 배변패드가 깔린 펫모차와 펫캐리어를 대여할 수 있다. 더불어 타임빌라스 곳곳엔 배변 봉투함이 마련되어 있고, 화장실 앞엔 반려동물 목줄 걸이가 설치된 것도 볼 수 있다. 반려동물과 함께하는 반려인의 하루를 고민한 디테일이 돋보이는 지점이다.

24시간이 모자란 코코스퀘어

아울렛 답게 200개가 넘는 브랜드가 입점되어 있는 타임빌라스. 이 중 반려인이 꼭 가봐야 할 곳을 꼽으라면 단연 <코코스퀘어>다. 반려견을 자식처럼 생각하고, 최고의 라이프 스타일을 제안한다는 코코스퀘어는 GLASS VILLE에 있는 매장으로 반려견을 위한 모든 것이 준비되어 있다. 코코스퀘어에서는 펫 식품 및 용품을 구매할 수 있고, 반려인과 반려견이 함께 식사할 수 있는 식당도 있다. 그 밖에도 반려견 메뉴가 준비되어 있는 라운지바, 전문 포토그래퍼가 프로필 및 가족사진을 촬영해주는 펫 스튜디오를 비롯해 미용, 스파를 이용할 수 있는 시설도 갖추고 있다. 여기서 끝이 아니다. 반려견을 위한 특별한 프로그램도 다수 운영되고 있다. 놀이방, 호텔링을 시작으로 상담, 교육, 피트니스 등의 프로그램을 만날 수 있

다. 코코스퀘어에서만 시간을 보내도 타임빌라스에서의 하루는 쏜살 같이 지나갈 것이다.

'우리, 함께'를 고민한 공간

타임빌라스는 분명 사람의 여가를 위해 조성된 아울렛이다. 하지만 곳곳에 반려동물의 자리를 고민한 세심한 흔적이 보인다. 이는 우리 삶에 들어온 반려동물의 존재감을 되돌아볼 수 있는 지점이기도 하다. 과거엔 집이라는 공간에 갇혀 지냈던 친구들에게 반려인의 다양한 활동을 공유할 수 있는 곳. 반려인과 반려견의 취미가 공존하는 곳. 이번 봄, 타임빌라스에서 우리의 즐거움을 찾아보는 건 어떨까.

@anna_babebabe

Made For Pleasure
'I Candor'

Made Home

THE BAG BECAME ANOTHER HOUSE

어릴 적 유치원 시절부터 우리에게 가방이란 소지품을 챙길 수 있는
물건이자 외출의 필수품이었다. 천만 반려 인구 시대에 발맞춰 애견
동반이 가능한 장소들이 다양하게 생겨나고 있지만, 애견 동반이라고
찾아간 곳에는 '이동 가방 및 캐리어 지참'이라고 써진 안내문들을 종
종 볼 수 있다. 반려견과 함께 편안하고 오랫동안 데이트를 즐기길 원
하는 반려인들에게 이동 가방은 이동할 때 필요한 수단 그 이상의 존
재로 자리 잡았다. 이제 이동 가방은 반려견에서 떼려야 뗄 수 없는
또 하나의 집이 된 것이다.

글·사진 박세훈 아이캔더 대표 @icandor_official / 에디터 조문주

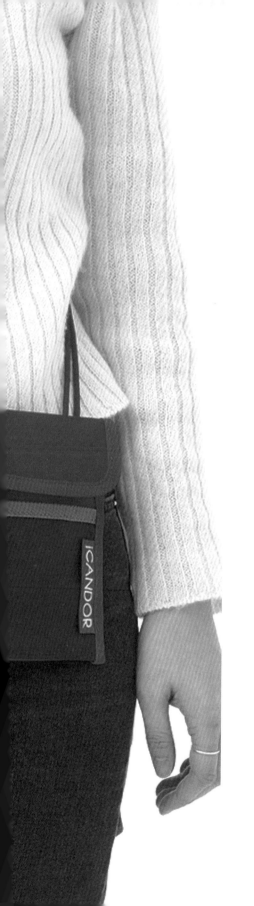

<아이캔더>는 '순간을 더 즐겁게(Made for Pleasure)'라는 슬로건으로 시작된 브랜드다. 나를 뜻하는 'I' 외 솔직함, 오픈됨, 투명함을 의미하는 'candor'가 합쳐져 <Icandor>가 되었다. 박 대표는 "candor가 우리와 함께하는 친구들을 가장 잘 표현할 수 있는 단어 중 하나라고 생각해요"라며 아이캔더를 소개했다.

Muse

아이캔더의 시작은 박 대표가 '수박'이라는 친구를 2017년 가족으로 맞이하면서부터다. 디자이너인 아내와 '본질에 충실하면서 기능으로 연결되는 아름다운 디자인'을 가진 반려 용품 브랜드를 만들어 보자는 생각을 하게 되었다고 한다.

"수박이는 때로는 아들 같고 때로는 친구 같아요. 모든 반려인이 그러하듯, 저희 가족의 삶은 수박이로 인해 많은 변화가 있었어요. 활동, 외식 습관, 만나는 사람들까지 바뀌더라고요(웃음). 수박이가 일상생활의 중심이 된 거죠. 가끔 수박이가 우리보다 빠른 시간 속에서 삶을 살아가고 있다는 사실에 매 순간순간이 더 소중하게 느껴질 때가 있어요. 그 소중함은 자연스레 반려동물 제품에 대한 생각으로 이어지더라고요. 결국 '모든 순간을 함께하고 싶다'는 기본적인 욕구에서 시작된 거죠. 반려인과 반려동물의 입장에서 그리고 함께하는 다양한 일상의 경험 속에서 영감을 얻고 제품을 개발했어요. 그 후 1년 여간의 준비 기간을 거쳐 2021년 5월 트래블 베드 기능이 있는 'IBAG'을 크라우드 펀딩에 론칭하며 아이캔더로서의 첫발을 내디뎠습니다."

JIGE/IBAG

아이캔더의 디자인은 미국 로스앤젤레스의 푸른 산과 바다의 컬러풀함, 서울의 역동성과 현대적임에서 영감을 받아 기획되었다. 평소에 반려견과 함께 하기 어려운 아웃도어 활동을 위한 백팩의 필요성은 'JIGE' 탄생의 시발점이었고, 긴 이동시간에 아이가 편안한 베드에서 쉴 수 있으면 좋겠다는 생각은 'IBAG'에 고스란히 담겼다.

'JIGE'를 개발할 당시 아이들에게는 안정감을, 반려인에게는 편안함을 줄 수 있는 가방을 만들고 싶었어요. 한쪽으로 메는 슬링백은 오래 시간 함께하기엔 한계가 있기 때문에, 어디서 무엇이든 함께 하고 싶은 아이들을 생각하기 ...

YouCandor

"저희 고객님 중에 비숑프리제를 키우는 분이 계세요. 유난히 눈이 크고 맑은 친구였던 걸로 기억해요. 평소 산책 시 슬링백을 자주 이용하시는데, 아이가 슬링백과는 다른 구조인 JIGE 백팩을 조금 무서워하지 않을까 걱정하시더라고요. 이야기를 들어보니 앞이 보이지 않는 아이라 그런 걱정을 하신 거였어요. 그래서 아이에게 더더욱 JIGE 백이 필요할 거라 말씀드렸죠. 평소에는 가보지 못했던 곳에 가서 좋은 공기, 바람, 새로운 냄새 등 많은 추억을 쌓게 되기를 진심으로 바라는 마음이었어요. 어떤 제품이 아이에게 가장 편안한지에 대해 많은 얘기를 나누면서 반려견을 사랑하는 '고객님의 따뜻한 마음'에 저희 팀원 모두 ...

YALE UNIVERSITY

Boola Boola! 귀에 쏙 들어오는 이 캐치프레이즈는 미국 코네티컷주에 있는 예일 대학교의 스포츠팀 <YALE BULLDOGS>의 응원 구호이다. 라이벌인 하버드 대학과의 스포츠 경기가 있는 날이면 어김없이 예일의 마스코트 불독 '핸섬 댄'이 경기장에 등장한다. 보호자가 "하버드에게 한 마디 해"라고 말하자 핸섬 댄은 맹렬하게 짖어 대고, 수천 명의 예일의 학생들은 열화와 같은 환호를 내지른다. 이렇듯 모든 학생의 사랑을 받는 마스코트 핸섬 댄은 1889년부터 약 130여 년이 넘는 시간 동안 예일을 대표하고 있다. 현재는 2016년부터 18대 핸섬 댄이 캠퍼스를 누비며 활동하고 있다. 산과 강이 열 번은 바뀐 130년이라는 긴 세월 동안 핸섬 댄은 수십만의 학생들을 하나로 만들었다. 그리고 여기 핸섬 댄을 사랑하는 또 한 명의 사람이 있다.

자료제공 워즈코퍼레이션 @phyps_department / **에디터** 박조은

<워즈코퍼레이션>의 노지윤 대표는 핸섬 댄에게 첫눈에 반해 예일의 패션 브랜드를 한국으로 들여와, 펫웨어와 후드티 등 반려견과 함께 입을 수 있는 의류를 런칭했다. 또 핸섬 댄을 다양한 그래픽 스타일로 재해석한 캐릭터인 '유니버시티 댄'과 '헤리티지 댄'을 만들었는데, 이 캐릭터를 활용한 제품의 수익의 일부는 유기견의 후원과 수술, 그리고 입양 비용 등으로 동물단체에 후원된다. 핸섬 댄이라는 작은 불독 한 마리가 엄청난 나비효과를 불러일으킨 것이다. 같은 옷을 입는다는 것은 함께 하고 있음을 보여주는 것 이상의 가치가 있다. 함께 가는 곳마다 추억이 배인다. 따뜻한 봄날, 반려견과 함께 커플 옷을 입고 나들이를 나가보는 건 어떨까. 의미가 담긴 옷이라면 더 좋다. 작은 나비의 날갯짓이 모여 따뜻한 봄바람이 불어올 것이다.

YALE BULLDOGS™   *Words Cooperation*

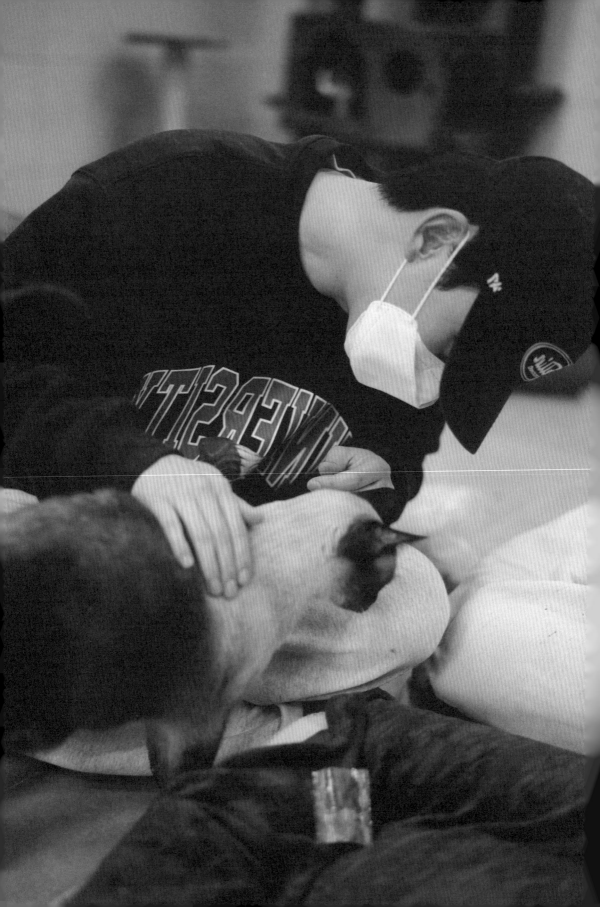

You've Got
A Friend In Me

토이스토리 : 플러피보이즈

누렁아, 처음 네가 누나 손에 들려서 우리 집으로 온 날을 난 아직도 잊지 못해. 부드럽고 귀여운 새 친구가 생겨서 정말 반갑고 행복했거든. 누나가 집에 없는 시간에도 항상 나와 함께해 주는 소중한 네가 없었다면 혼자 있는 시간이 정말 외롭고 길게만 느껴졌을 것 같아. 근데 누나가 챙겨주는 맛있는 밥이며 간식을 맨날 나 혼자 먹어서 혹시 서운한 건 아니지?

글·사진 김혜정 @lovdaechu+ᵒ 에디터 조문주

대철이와 누렁이는 왠지 첫만남부터 특별했을 거 같아요.

1인 가구 직장인인 저는 집에 혼자 있는 시간이 많은 대철이에게 항상 미안한 마음을 가지고 있었어요. 그렇다고 강아지 친구를 한 마리 더 데려오는 일은 현실적으로 쉽지 않다 보니 어린아이들이 가지고 노는 애착 인형을 대철이에게도 만들어줘야겠다는 생각이 들더라고요. 우연히 집에 필요한 소품을 구매하러 들렸던 이케아에서 운명처럼 만나게 된 친구가 비로 대철이만한 사이즈의 리트리버 인형 '누렁이'이였습니다. 애착 인형을 만들어 주려는 제 마음을 알아주기라도 한 듯, 대철이는 처음부터 누렁이를 좋아했어요. 누렁이에 기대어 자기도 하고, 누렁이 위에서 간식을 먹기도 하면서요. 다른 장난감처럼 물어뜯지 않고 진짜 친구처럼 누렁이를 대하더라고요.

이번호 주제가 'Together'예요. SNS 사진 속엔 항상 대철이와 누렁이가 함께네요.

누렁이는 제가 집에 없는 시간 동안 대철이의 옆을 든든히 지켜주는 <토이스토리>의 카우보이 인형 '우디' 같아요. 앤디와 장난감 우디의 특별한 우정처럼 누렁이는 대철이에게 장난감 인형이 주는 단순한 의미가 아닌 우정을 나누는 친구 같은 존재예요. 그래서 가끔 보호자인 저보다도 누렁이를 좋아하는 것 같을 때가 많아요(웃음). 잠을 잘 때가 되면 항상 편한 자리를 찾아다니곤 하는데, 누렁이를 항상 데리고 가거든요. 방석이나 하우스, 혹은 현관 앞에서 잘 때도 누렁이와 항상 함께해요. 제가 내철이 옆에 앉아있어도 제 무릎보다는 누렁이 옆에 기대어 누워요. 그때는 저보다 누렁이를 더 좋아하는 것 같아 서운하기도 해요. 처음에 누렁이를 데려왔을 때, 일주일에 한 번씩 누렁이를 세탁했었는데 마치 누렁이의 빈자리를 느끼기라도 한 듯 대철이가 혼자 외롭게 누워있더라고요. 건조대에 널어둔 누렁이를 애처롭게 바라보는 대철이의 모습에 결국 더 큰 사이즈의 왕 누렁이를 한 마리 더 데려오게 되었답니다.

저희 집에는 대철이의 일상을 볼 수 있는 홈 카메라가 있는데, 카메라에 가장 잘 보이는 위치인 현관에 꼭 누렁이를 데려와서 잠을 자요. 대철이를 혼자 두고 와 불안한 마음에 직장에서 홈 카메라를 수시로 확인하는 절 위해 "잘 있으니 걱정 말아 누나~"라고 하는 것 같기도 해요. 새로운 곳에 함께 놀러 갈 때나 가까운 병원을 갈 때에도 개모차에 누렁이를 함께 태워서 가요. 누렁이와 함께라면 조금이나마 덜 불안하지 않을까, 더 안정감을 느끼진 않을까 하고요.

얼마 전에 이케아에서 새로운 누렁이와 검둥이를 데려오셨더라고요.

이번에 10년을 다니던 직장을 그만두게 되면서 그동안 혼자 보낸 시간이 많았던 대철이를 위해 단둘이 여행을 다녀왔어요. 대철이 견생 처음 바다도 보여줄 겸 2주간 부산을 다녀왔는데, 누렁이도 데려가려고 미리 세탁까지 해두곤 KTX 열차 시간에 쫓겨 급하게 출발하다 보니 누렁이를 집에 두고 왔지 뭐예요. 처음으로 집이 아닌 다른 곳에서 지내야 하다 보니 어색한 잠자리에 불안해

할 대철이를 생각하니 이케아를 안 갈 수가 없었어요. 그렇게 이케아에서 오랜 친구인 누렁이와 대철이를 똑 닮은 검둥이도 데려왔죠.

대철이가 new 누렁이를 알아봤을까요?

저도 대철이가 집에 있는 누렁이를 그리워하진 않을까 했는데, 부산에서 지내는 동안 집에 두고 온 누렁이와 지내던 것처럼 new 누렁이와도 정말 잘 지냈어요. 집에서와 마찬가지로 기대어 자기도 하고 물어서 데리고 오기도 하고요. 딱히 부산에선 그리워하는 내색은 보지 못했었는데 막상 집으로 돌아오니 기존에 오래 함께 했던 누렁이를 찾더라고요. 누렁이가 오래된 친구라는 걸 아는 거 같았어요. 지금은 집에 스몰 누렁이 하나와 왕 누렁이 둘, 검둥이 하나까지 총 네 친구들이 있는데, 누가 봐도 오래 함께 했던 누렁이가 대철이 무게에 눌려 가장 납작한 모습을 하고 있거든요(웃음). 장난감은 물고 뜯고 터지기 일쑤인데 누렁이들과 검둥이는 흠집 하나 없이 소중한 존재처럼 대해주는 모습이 매일 신기할 따름이에요.

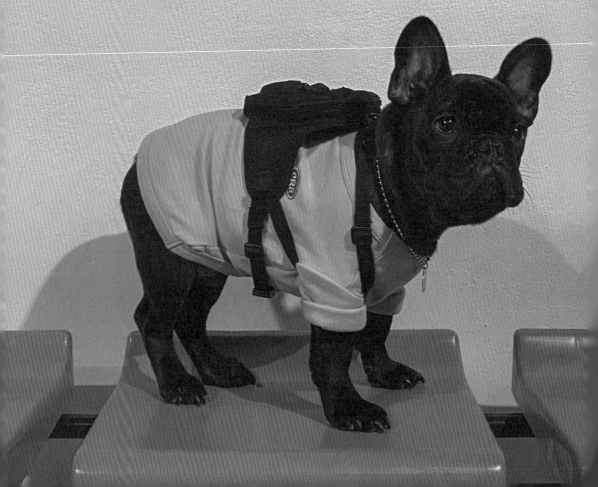

Episode

대철이와 누렁이는 하루하루가 단편 에피소드의 연속이에요. 누렁이와 대철이가 함께하는 모습을 남기면 좋을 거 같아 홈카메라 화면을 녹화하기도 하고, 집에 함께 있을 때면 직접 촬영해 사진이나 영상으로 대철이 SNS에 업로드하는 데요. 감사하게도 많은 분들이 누렁이와 함께하는 대철이의 모습을 신기해하고 귀여워해주시더라고요. 지난해 3월에는 대철이가 처음으로 감기에 걸려서 병원을 다녀온 적이 있었거든요. 그때 콧물이 너무 많이 나서 숨쉬기도 힘들어하는데 얼마나 걱정이 되던지… 병원에서 주사도 맞고 약도 지어서 집으로 돌아왔는데, 몸도 안 좋고 병원에서 스트레스를 받아 피곤할 텐데도 집에 오자마자 누렁이부터 찾더라고요. 누렁이를 먼저 최애 자리에 데려다 놓고는 담요를 물고 가더니 누렁이한테 덮어주는 거예요. 한 번도 아니고 그 날 세 번이나 담요를 덮어주더라니까요. 정작 감기로 고생하는 건 대철인데 '누렁아 담요 안 덮고 춥게 자면 나처럼 감기 걸리니까 조심해야 해~' 하고 걱정 어린 마음으로 챙기는 것 같았어요. 처음 누렁이를 데려왔을 때만 해도 대철이랑 크기가 비슷했는데, 시간이 지날수록 대철이가 자라면서 이제는 누렁이가 더 작아요. 자기보다 더 누렁이를 챙기는 대철이의 모습을 보니 새삼 대철이가 많이 큰 게 실감이 나더라고요. 평소 혼자 있는 시간이 많았던 대철이에게 항상 미안함과 애틋함을 느끼는 저에게 누렁이는 고마운 존재예요. 제가 함께해 주지 못하는 시간뿐 아니라 제가 함께해 주는 시간들까지도 누렁이는 항상 대철이와 함께해 주니까요. 제가 대철이와 함께 있다는 자체만으로 큰 힘이 되고 행복한 것처럼요.

TO. 김대철

대철아, 오랜 시간 나와 함께해 줘서 정말 고마워. 항상 날 소중하게 대해줘서 고마운 마음뿐이야. 누나가 옆에서 함께해 주지 못했던 시간들을 내가 옆에서 외롭지 않게 채워줄 수 있어서 다행이야. 앞으로도 소중한 친구이자 든든한 가족이 될 거야. 우리 앞으로도 항상 건강하고 오래오래 행복하게 지내자. 새로운 누렁이, 검둥이, 흰둥이가 오더라도 내가 너에게 제일이였으면 좋겠어. 친구야 정말 널 아끼고 사랑해. 나의 소중한 검둥개 김대철.

FROM. 누렁이

131

132

Good Day To
'Andblank

놀다 지쳐 쓰러져 잠든 강아지의 얼굴을 바라본 적이 있나요? 이보다 완벽한 행복은 없다는
생각이 들기도 하죠. 한숨 푹 자고 일어나 반짝이는 눈망울로 나를 올려다보는 사랑스러운 모습
을 보니, 내 강아지에게는 더 많은 놀이가 필요한 가 봐요. 매 순간 함께 놀아줄 수 없다면 대
신 친구가 되어줄 장난감을 선물해 보는 건 어떨까요? 장난기 가득한 눈을 가진 동물 친구들
이래저래 놀기 좋습니다. 하늘을 날고 싶은 오리와 게으른 악어, 하와이에 사는 거북이와 마요네
즈 튜브까지. 엉뚱하고 귀여운 친구들과 함께라면 강아지는 상상의 날개를 펼칠 거예요.

자료제공 앤블랭크 @andblank_ / 에디터 박조은

노는 게 제일 좋아

소심한 강아지도 발랄한 강아지도 단짝 친구는 필요하다. 어디를 가든 늘 함께하고, 함께 있으면 마음이 편안해지는 내 강아지의 단짝 친구, 바로 애착 장난감이다. 익숙한 냄새가 나는 애착 장난감은 강아지에게 편안함을 선물한다. 낯선 환경에서도. 불안감과 스트레스를 낮춰 주기 때문에 강아지와 함께 차를 타고 이동할 때 혹은 여행을 갈 때 애착 장난감을 챙겨가면 좋다. 고소한 사료 냄새가 난다면 더할 나위 없다.

반려동물 라이프 스타일 브랜드 <앤블랭크>는 자체 캐릭터를 디자인하고, 각 캐릭터의 재밌는 특징을 살린 반려견 노즈워크 인형 장난감을 제작한다. 장난감들은 모두 노즈워크 기능이 있는데 하늘을 날고 싶은 오리는 웅크린 날개 속에, 게으른 악어는 등껍질에 간식을 넣을 수 있는 포켓이 숨어 있다. 각자 캐릭터의 특성에 맞춘 위치에 숨어있는 포켓에 꽤 많은 양의 간식을 숨길 수 있어서 강아지가 오랜 시간 동안 즐겁게 놀 수 있다.

또한 사이즈가 크고 튼튼하게 제작되어 터그 놀이에도 적합하다. 바스락과 삑삑이도 포함되어 있어 강아지들의 관심을 끌기 좋으니 평범한 터그 놀이에 흥미가 떨어진 강아지들에게도 새로운 자극이 될 수 있다. 강아지들이 입으로 물고 노는 인형이기 때문에 아기들의 장난감에 사용되는 원단을 사용하며 인증받은 제조업체에서 안전하게 만들고 있다. 그러니 마음 편히 마구 흔들고 비틀고 던져주자.

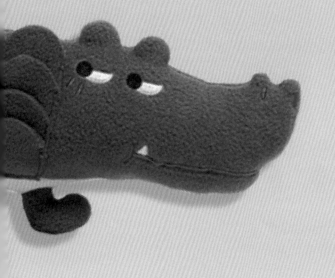

'나'로부터 시작되는 놀이

나의 강아지를 장난감에게만 맡길 수는 없다. 터그 놀이, 공놀이, 숨바꼭질, 새로운 개인기 배우기, 노즈워크 등 장난감을 가지고 함께 놀 수 있는 방법은 끝없이 많다. 잠깐 휴대폰을 내려놓고 반짝이는 눈빛의 강아지와 숨이 차게 놀자. 강아지와 함께하는 하루는 새롭다. 오늘의 추억은 너와 나의 기억에 평생 남을 것이다. 사실 우리 강아지가 세상에서 제일 좋아하는 장난감은 '나'다.

특별한 날에도 장난감과 함께라면 더 즐겁다. 앤블랙와 프리미엄 디저트 카페 <노티드(Knotted)>와의 컬래버레이션으로 만들어진 도넛과 케이크 장난감을 선물하자. 초코 케이크, 생크림 케이크를 먹을 수 없는 우리 강아지들에게 특별한 추억이 된다. 장난감 안에 장착된 노즈워크 포켓에 맛있는 간식을 잔뜩 넣어서 준다면 더더욱 기억에 남는 날이 될 것이다.

글·사진 테리포토 김주은 @terry_photo_ / 에디터 박조은

Say! Cheese Colorful Smile

무지개색 소품과 카메라를 들고 있는 낯선 사람이 나타났다.
순식간에 화려한 포토 스튜디오로 변신한 우리 집.
반짝반짝 조명들이 나를 비춘다. 조금 갑작스럽지만 환한
웃음을 준비해본다. 나는 사진 찍을 줄 아는 강아지니까.
하나, 둘, 셋, 치-즈!

우리 집의 작은 스튜디오

안녕하세요. 집으로 찾아가는 사진 스튜디오, <테리포토>입니다. 테리포토에서는 모든 촬영 장비와 소품을 가지고 집으로 찾아가기 때문에 보호자님과 반려동물 친구들이 직접 스튜디오로 찾아오지 않고, 가장 편안한 공간인 집에서 촬영할 수 있습니다. 우리 집에 잠시 작은 스튜디오가 생긴다고 생각하시면 될 것 같아요. '함께 더불어 사는 세상'이라는 모토를 가지고, 행복한 반려동물 문화를 만들기 위해 이런 방법으로 촬영하고 있어요.

집에서 사진을 찍으면 가장 좋은 점은 대부분의 보호자님과 반려동물 아이가 스튜디오에서 사진을 찍을 때보다 훨씬 편안하게 느낀다는 점이에요. 편안하게 있는 만큼 자연스러운 표정이 나와요. 그래서 사진 찍을 때 참 행복하답니다. 서로 사랑하는 마음이 저에게 그대로 전달되거든요. 집에서 찍는 방식에 특별히 힘든 점은 없어요. 아, 아주 가끔 엘리베이터가 없어서 모든 짐을 지고 계단을 오르락내리락 할 때 살짝 힘든 것도 같네요(웃음). 촬영 장비와 소품들을 포함한 짐이 꽤 무겁거든요.

다름은 다양함이 된다

심하게 짖거나 경계가 심한 아이들도 있어요. 그런 경우 촬영 시간보다 30분 정도 일찍 도착해서 밖에서 만나요. 낯선 사람이 집에 찾아오고 촬영 세트 같은 커다란 물건들이 집에 들어가다 보면 강아지 입장에서는 당연히 경계하게 되거든요. 그래서 바깥에서 제 냄새도 맡게 해주고 간식도 주고 같이 산책도 해요. 이렇게 촬영 전 얼굴을 익히고 함께 집으로 들어가면 짖음이나 경계가 반으로 줄어요.

몸이 안 좋은 아이들 같은 경우에는 건강에 무리가 되지 않도록 최대한 빠르게 촬영을 진행합니다. 전날 컨디션 확인은 필수고요. 촬영 도중에 아이가 불안해하거나 몸이 좋지 않아 보이면 쉬는 시간을 충분히 가진 다음에 촬영합니다. 가장 중요한 건 우리 아이의 건강이니까요. 활발한 아이들은 미친 듯이 놀아주고 촬영에 들어가요(웃음). 공놀이도 하고 숨바꼭질도 하고 돌아돌아 놀이도 하고요. 아이들이 신나게 놀다 보면 헥헥거리면서 혓바닥을 내보이면서 웃어요. 그 표정을 찍으면 사진이 정말 예쁘게 나온답니다. 반려동물 사진을 잘 찍는 꿀팁 중 하나예요.

기억에 남는 피사체

거짓말 보태지 않고 촬영을 했던 한 친구 한 친구 모두 다 기억에 남아요. 그중에서도 특별한 에피소드가 몇 개 있긴 합니다. 항암 치료 중인 아이가 있었어요. 지금은 강아지별로 떠난 아이지만, 촬영 당일에는 기적적으로 좋은 컨디션을 유지해주어 예쁜 사진을 남길 수 있었어요. 찡한 마음이 들어서 기억에 오래 남아요.

또 길거리를 떠돌아다니다 구조된 유기견 아이들의 입양 프로필 사진을 촬영했던 적이 있었는데요. 아이들이 프로필 사진 촬영 후에 정말로 가족을 찾게 되었어요. 그 때 마음이 정말 뿌듯했습니다. 제 반려견 테리도 유기견이었어요. 믹스견, 대형견이라는 이유로 오랫동안 입양이되지 않았죠. 이렇게 착한데도 말이에요. 테리와 함께 지내면서 사랑을 받으면 아이가 어떻게 바뀌는지 직접 보았기 때문에, 유기견 아이들에게 조금이라도 도움이 되고 싶어서 후원을 하고 있어요. 큰 금액도 아니고 주기적으로 하는 것도 아니지만, 작은 성의가 누군가에게는 큰 도움이 될 수 있을 것이라고 생각하니 멈출 수가 없더라구요.

스쳐가는 순간의 기록

사진 콘셉트 같은 경우에는 영화에서 아이디어를 얻기도 하고 책이나 잡지를 보며 상상하기도 해요. 가끔 보호자님들께서 자신의 반려동물에게 어울리는 콘셉트의 아이디어를 주시기도 하고요. 순수한 반려동물 친구들을 많이 만나다 보니 그만큼 상상력이 더 커지는 것 같아요. 그리고 촬영 후에 몇 개월간 수정 작업을 거치면서 콘셉트가 더 발전되기도 한답니다.

눈에 보이지 않는 사랑을 눈에 보이게 담는 것이 사진이라고 생각해요. 특히 반려동물과 함께 찍는 사진은 훗날 나보다 먼저 떠날 내 아이를 영원히 기억하기 위한 수단인 것 같아요. 이 세상 그 누구보다 사랑스러운 내 아이가 이 세상에 없을 때, 사진을 통해서 조금 더 자세히 기억할 수 있어요. 또 사진을 찍는 과정에서 특별하고 아름다운 추억을 만들 수도 있고요.

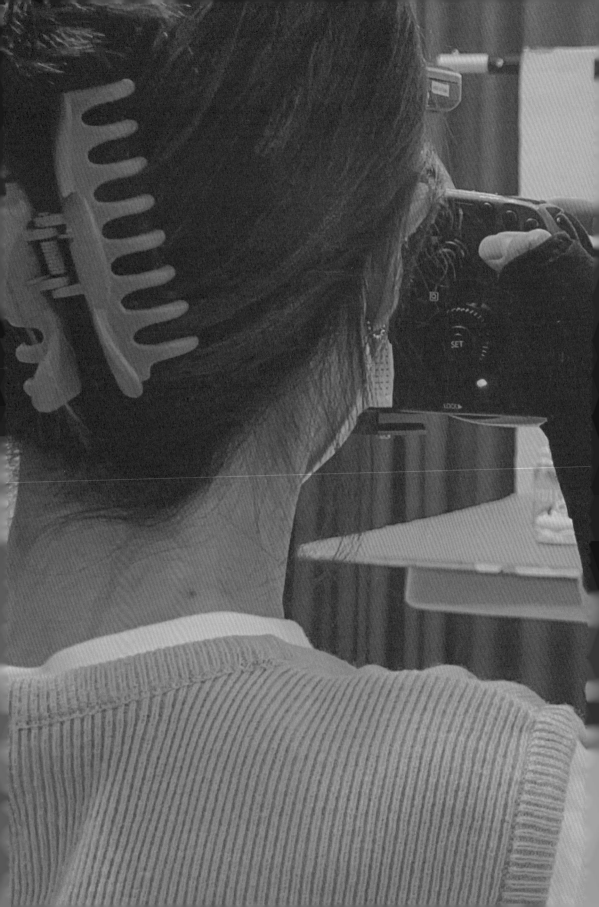

글·사진 글래머샷 이보라, 한대웅 @glamour__shot_ / 에디터 박조은

Respond 1990's! Fantastic Vintage

이상한 나라에 거대한 강아지가 나타났다!
1985년에 만들어진 영화 <Back to the future>를 연상시키는
레트로한 분위기의 이 곳에서 사랑하는 내 반려견은
날개 달린 천사로도, 눈에서 레이저를 발사하는 외계인으로도
모습을 바꾼다. <글래머샷>의 사진 속에서 우리 가족은 단 하
나뿐인 특별한 모험을 떠난다.

Back to the 1990's

안녕하세요! 저희는 1990년대 미국에서 유행했던 스타일들을 기반으로 가족사진 작업을 하는 <글래머샷>이라는 팀입니다. 1980-1990년대의 가족사진을 레퍼런스로 참고하면서 이 스타일이 저희의 작업물에 자연스럽게 스며들었죠. 원하는 이미지의 느낌을 내는 요소들을 계속 찾아보고 재현하는 방법들을 연습하다 보니 어떤 콘셉트의 작업을 하더라도 그런 느낌이 묻게 되는 것 같습니다. 현재는 1990년대 레트로 스타일 외에도 다양한 문화와 시대적 코드들을 혼합하여 사진 작업을 하고 있습니다.

끝나기 전에는 끝난 게 아니다

사진의 콘셉트는 다양한 방법으로 정해집니다. 먼저 사진을 의뢰하신 가족분들이 원하시는 이미지 레퍼런스나 영화 포스터를 찾으시고, 그 이미지를 저희에게 전달해 주시면서부터 작업이 시작됩니다. 아이디어와 유머 포인트를 잡는 시작점이라고 할 수 있

겠네요. 전달받은 레퍼런스 이미지를 바탕으로 저희 방식으로 표현이 가능한 아이디어와 구현하기 어려운 아이디어를 구분합니다. 이후에 표현 가능한 아이디어들을 재조합 해보면서 콘셉트를 잡아갑니다. 이 모든 과정은 촬영을 의뢰하신 분과 지속적으로 소통하면서 진행됩니다. 촬영을 진행할 때에도 변수가 많이 발생해요. 다양한 변수에 따라 즉석에서 조정해가며 촬영을 진행합니다. 촬영이 끝나고 촬영한 소스들을 활용하여 합성을 하는 과정에서도 콘셉트는 디테일하게 계속 변형됩니다.

저희는 사진 작업을 시작할 때 최종적으로 나올 이미지를 미리 정해두지 않습니다. 오히려 작업을 진행하는 과정에서 작업의 방향성이 변할 수 있다는 가능성을 염두에 둔 채로 작업을 합니다. 그러니까 꿀 같은 아이디어의 원천이나 특별한 비결이 따로 있는 것은 아니고요. 모든 작업 과정에서 변화 가능성을 열어 두고 유연하게 대처하는 것이 저희 작업의 다양성을 지속시켜 주는 것 같습니다.

Photoshop CC   파일 편집 이미지 레이어 문자 선택 필터 3D 보기 창 도움말

Adobe P

✛ ▾   ☑ 자동 선택: 레이어 ∨ ☑ 변형 컨트롤 표시

✕ 웨스턴갱커풀.psd @ 19.2% (레이어 5 복사, RGB/8) *   ✕ _MG_0417 사본.psd @ 25% (RGB/8") *

마음에 남는 피사체

고령의 강아지 두 마리가 함께 촬영을 온 적이 있었어요. 한 마리는 무려 19살, 또 다른 한 마리는 16살 정도의 나이였습니다. 한 마리가 그렇게 오래 사는 것도 정말 쉽지 않은 일인데, 둘이 함께 있는 것을 보니 정말 신기했어요. '얼마나 많은 사랑을 받아왔길래 아직 이렇게 건강하게 살아가고 있는 걸까?'하는 생각이 들더라구요. 그 아이들이 더 오래오래 살아갔으면 좋겠다는 생각도 함께 들었습니다.

이름 짓는다는 것

예전에 비해 강아지, 고양이, 혹은 다른 반려동물과 가족사진을 찍는 분들이 많이 늘었어요. 반려동물을 진짜 가족으로 여기시는 분들이 많아진 것 같아요. '가족 같은'과 '가족'은 비슷해 보이지만 굉장히 다른 말인데요. '가족 같은' 누군가와 가족사진을 같이 찍진 않잖아요? 촬영하러 오신 분들이 사용하는 어휘들만 봐도 흥미로운 지점이 많아요. 대부분 자신을 반려동물의 언니, 형, 엄마, 아빠 같은 호칭으로 표현하시더군요. 상황에 따라 호칭이 완전히 달라져요. 예를 들면 같은 20대인 분들일지라도 부모님과 같이 생활하는 분들은 반려동물의 언니, 오빠, 형, 누나가 되고요. 독신으로 지내면서 반려동물과 함께 사시는 분들은 반려동물의 엄마, 아빠가 되곤 합니다. 상당히 재미있는 부분이죠. 이런 식으로 호칭을 각자의 상황에 맞춰서 적용시킨다는 건, 정말 반려동물을 가족으로 생각한다는 것을 의미하지 않을까요?

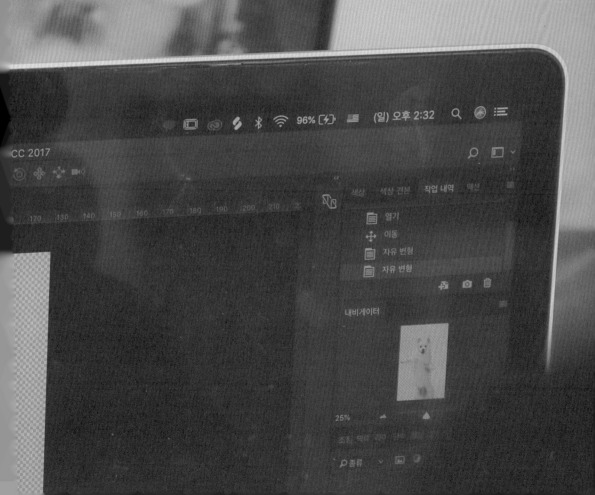

수백 가지 가족의 모양을 담다

저희는 가족사진 작업을 하는 팀이기 때문에 반려동물 사진 자체에 큰 의미를 두고 있지는 않습니다. 또 저희의 개인적인 생각을 작업에 담아내는 것은 지양하고 있습니다. 다만 시대가 변하고, 가족의 형태가 다양해지면서 가족의 영역 안에 반려동물을 포함시키는 분들이 많아졌다는 걸 느끼고 있습니다. 저희가 찍는 가족사진들에 반려동물들이 등장할 때마다 가족이라는 단어가 어디까지 확장되어가는지를 확인할 수 있어요. 이런 점은 저희에게도, 또 저희 작업을 즐겨봐 주시는 분들에게도 의미가 있는 부분이 아닐까 생각합니다. 아, 물론 앞에 말한 스탠스와 별개로 개인적으로는 반려동물들을 매우 좋아합니다(웃음).

White Dog Who Has Wild Mind, Westie

부드러움 속의 강인함, 화이트 테리어

겨울철 잠들었던 생명이 깨어나 분주한 봄. 그 속엔 시작을 앞둔 작은
친구들도 있다. 연약한 모습과는 달리, 꽁꽁 얼어붙은 대지를 헤쳐나갈
수 있는 강인함을 가진 새싹들. 이번에 소개할 친구도 이들과 닮았다.
순둥한 외형 속에 강인함을 가진 화이트 테리어의 이야기를 들어보자.

에디터 강해인

봄의 들판을 물들이는 새싹들을 보며, 그런 생각을 하고는 합니다. '작은 줄기와 이파리를 가진 친구들이 이험한 세상을 버틸 수 있을까?' 하지만, 언제나 그들은 홀로 일어서고 우리에게 아름다움과 감동을 전하죠. 오늘 모실 분도 그렇습니다. 하얀 민들레처럼 여리고 크림처럼 부드러운 듯하지만, 속에는 뜨거운 피가 흐르는 강아지인 데요. 귀여운 이미지로 이미 많은 곳에서 존재감을 드러내고 있죠. 이 친근한 친구가 가지고 있는 반전 매력을 들어보겠습니다.

Q. 오늘은 봄철 하얀 민들레 같은 분이 오셨네요. 자기소개 부탁드립니다.

민들레라니! 나쁘지 않은 별명인 걸요? 봄이라서 그런지 감수성이 풍부해지신 것 같네요. 반갑습니다. 저는 오늘부터 봄과 더 친해진 웨스트 하이랜드 화이트 테리어라고 합니다. 줄여서 '웨스티' 혹은, '화이트 테리어'라고 불리고 있죠. 하얀 민들레를 떠올리게 할 만큼 흰색 털이 돋보여요. 이 흰색 털 때문에 부드러운 강아지라고 생각하실 수 있지만, 저는 이미지와는 꽤 다른 성격을 가지고 있답니다. 오늘 저의 다양한 면을 들려드릴게요.

Q. '폴텔로츠 테리어'라는 이름으로도 불린다고 들었어요. 어떤 사연이 있나요?

제 고향과 관련된 이야기입니다. 저는 영국 스코틀랜드, 거기서도 서부 지방 출신입니다. 케언 테리어, 스코티시 테리어 등의 친구들과 같은 뿌리를 가지고 있는데, 하이랜드 테리어가 제 조상이라 할 수 있죠. 사실 흰색 털을 가진 테리어를 그렇게 흔히 볼 수 있는 건 아니었어요. 케언 테리어에서 종종 흰색 강아지가 태어났지만, 당시에는 흰색 털을 불길하게 생각해서 외면당했답니다. 복잡한 이야기였죠? 그럼 본론으로 돌아가 볼까요?

'테리어'라는 이름이 붙은 강아지들은 쥐나 여우 같은 작은 짐승을 사냥했어요. 땅속이나 바위에 숨은 동물을 잡던 사냥개죠. 에헴, 제가 조금 달라 보이나요? 이런 사냥 활동 중에 크고 작은 사고들이 있었어요. 여우 등의 동물이 테리어와 색깔이 비슷해서 사냥 중 테리어를 여우라고 생각하고 총을 쏘는 일이 있었죠. 비슷한 일이 스코틀랜드의 '말콤 폴텔로츠'라는 대령에게도 있었습니다. 그는 사냥을 나갔다가 가장 아끼던 검은색 테리어를 쏘아 죽이게 되죠.

충격이 컸던 대령은 그 이후 눈에 잘 보이는 하얀 개만을 기르기로 했어요. 흰색 강아지를 보호, 개량하게 되죠. 이를 계기로 화이트 테리어가 탄생하게 되는데, 그 당시에는 대령의 이름을 붙여 폴텔로츠 테리어라고 부르기도 했대요. 그러다 말콤 대령은 부담스러웠는지 화이트 테리어라 불렀다고 하죠. 이후 화이트 테리어는 수달, 여우, 쥐 등의 짐승을 사냥하며 활약하게 되었습니다.

Q. 흰색 털이 멋지다고만 생각했는데, 그런 안타까운 일이 있었군요. 조금 분위기를 바꿔서, 어떻게 세계에 알려졌고, 인기를 얻게 되셨나요?

화이트 테리어가 공식적으로 알려진 건 1896년 스코틀랜드 도그쇼에서였어요. 그리고 10년이 조금 지난 1908년 화이트 테리어라는 이름을 얻게 되었죠. 이름을 얻기 전에 미국에도 진출했습니다. 화이트 테리어는 미국에 소개된 이후 지금까지 인기를 유지하고 있어요. 반려동물 관련 상품에서도 화이트 테리어를 볼 수 있지만, 여러분이 자주 볼 수 있는 의류나 위스키 브랜드에서도 저를 마스코트로 사용했답니다.

Q. 크림처럼 밝고 부드러운 인상이신데, 사냥개 출신이셨다니 놀라워요. 반전 매력을 조금 더 알려주시겠어요?

미디어에 자주 노출되다 보니 귀엽고 순하게만 생각하시는 분들이 있는데, 저는 근육이 잘 발달한 강아지예요. 뼈도 굵고 튼튼하죠. 사냥을 하던 과거는 속일 수가 없나 봐요. 그때처럼 저는 여전히 활동적이랍니다. 사냥감에 집중할 때의 기억도 여전히 가지고 있죠. 그래서 작은 소리에도 예민하게 반응하고 매우 민첩해요. 덕분에 집을 지키는 역할도 충분히 소화할 수 있답니다.

마지막으로 자존심이 강한 편이에요. 지는 걸 정말 싫어하죠. 제 걷는 모습에도 드러납니다. 곧게 뻗은 앞다리와 단단한 뒷다리로 뽐내는 듯 걷는 게 몸에 배어 있죠. 남자 화이트 테리어가 모이면 무척 재미있어요. 다들 지기 싫어하다 보니 다른 아이보다 앞서 나가려고 하는 재미있는 모습도 볼 수 있습니다.

Q. 화이트 테리어끼리는 경쟁하지만, 반려인 가족과는 유대감을 잘 형성한다고 들었어요. 맞나요?

저는 자존심이 강하지만 변덕스럽지는 않습니다. 가족을 잘 따르고, 함께 뛰어 노는 걸 정말 좋아하는데요. 덕분에 반려인과 훈련하는 게 어렵지 않죠. 반려인과 사냥을 하려면 호흡이 정말 중요하잖아요? 이것도 유전인가 봐요. 그리고 사냥할 때를 제외하면 쾌활하고 낙천적인 면이 더 잘 보이는 유쾌한 강아지랍니다. 반려인의 기분을 좋게 만들어 줄 수 있을 만큼 영리하기도 하죠. 이런 점 덕분에 광고에도 나오고 있는 거 아니겠어요? 유명해지는 거 쉽지 않다고요.

Q. 화이트 테리어를 조사하다 '찰스 다윈'이라는 이름까지 발견했어요. 그분과 어떤 사연이 있나요?

찰스 다윈! 진화론의 아버지로 유명하신 분이죠. 그분은 유난히 테리어 종을 좋아했다고 해요. 평생 많은 테리어와 함께했다고 합니다. 특히 '폴리'라는 이름의 화이트 테리어가 유명하죠. 폴리와 산책을 하며 다양한 이론을 정리했대요. 찰스 다윈의 저서를 보면 강아지의 감정에 따른 표정과 꼬리 등의 행동 변화가 글과 그림으로 자세히 정리되어 있다고 합니다. 그리고 이런 과정은 비교적 덜 알려졌지만 <인간과 동물의 감정표현>이라는 책을 집필할 때 도움이 되었다고 해요.

Q. 흰색 털은 관리가 쉽지 않을 것 같은데, 어떤 관리가 필요할까요?

세상 모든 흰색은 관리가 까다로운 것 같아요. 눈에 잘 보이는 만큼 더러워지기 쉽죠. 그래서 자주 빗고 먼지도 잘 없애주셔야 한답니다. 관리에 관해서 조금 더 말씀드리자면, 저는 유전적으로 알레르기성 피부염에 잘 걸리니 주의하셔야 해요. 그리고 화이트 테리어는 많은 운동량을 자랑하지만, 동시에 관절염, 슬개골 이상, 두개하악증 같은 질병에도 취약하죠. 그러니 어딘가 불편해 보이는 곳은 없는지 늘 잘 확인해주세요. 온종일 이야기한 것처럼 제 이미지 탓에 저를 잘 모르는 분이 많은 것 같습니다. 여전히 저는 사냥개의 피가 흐르고 있는 탓에 생각보다 많은 운동량이 필요하고, 운동을 못 하면 스트레스를 풀지 못해요. 이건 정신적으로도 해롭지만, 넘치는 활동량으로 말썽을 피워 반려인을 힘들게 할 수도 있죠. 잘 뛰어놀 수 있는 환경에서 훈련을 잘 마친 화이트 테리어라면 누구보다 듬직하지만, 그렇지 못한 환경에서는 말썽꾸러기가 될 수 있다는 건데요. 이런 점을 잘 생각해서 입양을 준비해주시면 좋을 것 같습니다.

Unwelcome Guest 'Tick'

긴 겨울이 지나고 봄이 왔습니다. 북방의 찬 바람이 마지막 심술을 부려보지만, 꽃망울 향한 시샘도 머지않아 가라앉을 걸 우리 모두 알고 있죠. 겨우내 꽁꽁 얼었던 시냇물이 녹는 소리와 종달새의 지저귐은 봄의 방문을 알리는 노크인 것 같습니다.

겨울과의 이별은 강아지에게도 신나는 일이에요. 너무나 차가워진 공기 때문에, 제 키보다 높이 쌓여버린 눈 때문에, 발바닥을 따갑게 하는 염화칼슘 때문에 외출이 무산되거나 그 시간이 줄어드는 계절이었으니까요. 봄을 느낀 댕댕이는 보호자의 옷자락을 끌며 계절의 여왕을 배웅하자 재촉합니다.

따스한 햇살 아래 아지랑이를 추격하고 이곳저곳에서 싹을 틔우는 식물들의 냄새를 맡는 강아지를 보고 있자면 우리의 마음도 꼬맹이 시절 그대로 돌아가는 것만 같아요. 그런데 이 좋은 계절일수록 반려인은 더욱 아이들의 발걸음 발걸음에 신경을 써야 한다고 해요. 바로 '봄철 불청객' 진드기 때문이죠.

진드기 관련 질병으로 동물병원을 찾는 강아지가 급증하는 시기가 바로 이맘때라고 합니다. 국내 유일 수의사 겸 생명윤리학 박사이신 박종무 평화와생명 동물병원 장님의 진료노트를 반려인 여러분께 공개합니다.

글 박종무 수의사 / 에디터 박재림

Q 강아지 진드기는 어떤 병인가요?

자연에는 매우 다양한 종의 진드기들이 있습니다. 육안으로 확인이 어려운 좀 진드기(mite)부터 지름 10mm 이상의 참진드기(tick)까지 크기도 천차만별이죠. 이들 진드기는 부패한 유기물이나 포유류, 조류, 파충류 등 다양한 동물에 기생하여 비듬 등을 섭취하면서 번식합니다. 동물에 달라붙은 진드기들은 피부에 접촉해 피를 빨아먹는데 물린 부위에 가려움증, 피부 궤양, 패혈증을 유발하기도 합니다. 더 심각한 문제는 진드기들이 피를 빨아먹으면서 감염시킨 세균과 바이러스, 원충 등으로 인해 발병되는 질병들입니다. 강아지가 겪는 대표적인 진드기매개감염증인 '바베시아증'이 그렇죠. 진드기가 흡혈 중 바베시아(babesia)라는 원충이 강아지의 몸으로 들어가 이상을 일으키는 병으로, 국내 여러 지역 중 제주도에서 다발합니다. 반려인이 조심해야하는 진드기매개감염병으로는 5월부터 10월에 발생하는 중증열성혈소판감소증후군(SFTS), 10월부터 11월에 다발하는 쯔쯔가무시증 등이 있습니다.

Q 강아지 진드기 관련 질병이
   3~5월에 증가하는 이유는 뭔가요?

진드기들은 겨울철에는 땅 속으로 들어가 추위를 견딘 뒤 날이 풀리는 봄이 되면 다시 땅 위로 올라와 번식을 합니다. 알에서 부화한 진드기는 풀 끝으로 기어올라가 기다리고 있다가 동물이 지나가면 점프해서 동물의 몸에 자리를 잡고 기생합니다. 그렇기 때문에 봄철 산책 중인 강아지의 몸에 진드기가 자주 들러붙는 것이며 자연스럽게 관련 질병도 늘어나는 것입니다.

Q 강아지 진드기 질병의 주요 증상이 궁금합니다.

일반적으로 진드기들은 강아지 피부에 주둥이를 단단히 고정시킨 뒤 피를 빨아 먹습니다. 그로 인해 발적(병변 부위가 붉게 되는 것), 가려움증, 알러지 반응 등이 유발됩니다. 앞서 언급한 바베시아증으로 이어질 가능성도 있습니다. 바베시아증은 가장 대표적이면서 동시에 가장 주의해야 할 강아지 진드기매개질병으로, 바베시아 원충은 강아지의 적혈구 세포내에 기생하면서 적혈구를 파괴합니다. 감염된 강아지는 1~3주 이후 빈혈, 발열, 식욕부진 등 증상을 일으키게 됩니다. 바베시아증 외에도 라임병(Lyme disease), 아나플라즈마증(anaplasmosis), 얼리키아증(Canine Ehrlichiosis) 등이 진드기로 인해 발병하는데 고열, 식욕부진 등의 증상이 생기면 빨리 동물병원에서 검진을 받아야 합니다.

Q 진드기 질병으로 고생한 강아지 환자 중 기억나는 사례가 있으신가요?

강아지 진드기 감염으로 내원하는 경우가 의외로 많습니다. 한 번은 이런 적이 있었어요. 보호자 분이 반려견의 목에 갑자기 혹이 생겼다면서 "혹시 암이 아니냐"며 걱정하셨습니다. 확인해보니 피부색과 비슷한, 지름 1cm 크기의 혹이 있었는데 모양이나 질감이 종양과는 차이가 있었죠. 종양은 보통 조금 딱딱하고 울퉁불퉁한 모양인데, 그 강아지의 혹은 반질반질했습니다. 겸자로 살짝 들어봤더니 무언가 피부를 파고 들어가 있었습니다. 워낙 단단히 고정되어 있어서 겨우 떼어내어 현미경으로 확인하니 촉수들과 주둥이가 있는 참진드기였습니다.

봄철은 아니지만 늦가을 성묘를 다녀온 뒤 강아지의 피부에 깨 같은 것이 잔뜩 붙었다며 내원한 경우도 있었습니다. 확인해보니 그 깨 같이 생긴 하나하나가 전부 작은 진드기였습니다. 두 강아지 모두 진드기를 제거하고 큰 문제없이 퇴원해서 다행이었습니다.

박종무 수의사 / Youtube @개아토피클리닉TV
서울 평화와생명 동물병원 원장이자 <우리는 동물을 어떻게 대해야 하는가> 저자

Q 진드기 질병의 회복 기간은
어떻게 되나요?

진드기로 인한 강아지의 알러지 반응과 피부 염증 등은 진드기를 제거한 뒤 1주
일 정도 치료하면 회복이 가능합니다. 문제는 바베시아증과 같은 심한 질병으
로 이어지는 경우인 데요. 강아지의 적혈구가 파괴되면서 심각한 빈혈 증상을
야기할 수 있고, 심한 경우에는 죽을 수도 있으니 곧바로 동물병원에서 적극적
인 치료를 받아야 합니다. 감염 정도에 따라 회복 기간에도 차이가 나는데 길게
는 한 달 이상이 소요될 수도 있습니다.

Q 진드기 질병 예방을 위해 반려인은
어떤 것을 주의해야 할까요?

일단 진드기가 많은 계절인 봄철에는 풀숲을 가게 되면 출발 전 반려견에게 얇
은 옷을 입혀서 진드기가 달라붙지 못하게 하는 게 좋습니다. 또한 풀숲이나 산
에 자주 가야하는 경우에는 진드기 예방약을 활용하는 것을 추천합니다. 진드
기 예방약은 목걸이 형태부터 등에 바르는 물약, 먹는 약 등 다양한 형태가 있는
데 동물병원에서 상담을 해서 상황과 반려견 성향에 맞는 것을 쓰면 됩니다.

Q 진드기 질병 외 3~5월 조심해야 할
강아지 질병은 무엇이 있을까요?

봄이 되면 아무래도 추웠던 겨울보다 자주 반려견과 동반 외출을 하게 됩니다.
강아지들끼리 접촉하는 경우가 많아지기 때문에 파보 바이러스성 장염, 강아지
홍역 등 전염병에 감염되는 횟수도 늘어날 수밖에 없습니다. 그렇기에 봄철에
는 산책 등 외출 전에 예방접종을 완료하는 것이 좋습니다. 봄철 또 하나의 불청
객은 모기입니다. 이 모기들이 강아지 심장사상충 감염증을 유발하죠. 심장사
상충 예방약 복용도 빼먹어서는 안되겠습니다.

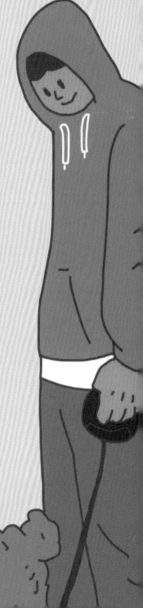

Spring Health Stew Recipe

Recipe

Chicken & Chicken Liver Tomato Stew

Servers

2 medium sized dog

Preparation Time

40mins

Reference site

https://www.maeilmaeil.kr/

Ingredient

닭간 30g

닭가슴살 70g

양배추 10g

당근 5g

브로콜리 5g

토마토 1/4개

코코넛 오일 혹은 올리브 오일 1큰술

물 200g

1. 닭간은 핏덩어리와 불순물을 제거하고, 닭가슴살과 함께 흐르는 물에 깨끗이 씻어 준비해주세요.

2. 야채도 흐르는 물에 깨끗이 씻은 후 양배추와 브로콜리는 1cm 정도 크기로 잘라주시고, 당근은 잘게 다져줍니다.

    (당근과 같이 딱딱한 야채들은 아이들이 소화하기 힘들어요. 소화가 쉽도록 작게 잘라주세요)

3. 토마토는 윗부분에 십자로 칼집을 내어 끓는 물에 데친 후 껍질을 까고, 푸드 프로세서로 갈아주세요.

    (토마토는 갈아서 소스로 사용하셔도 좋고, 1cm 정도 크기로 깍둑썰어 다른 야채들과 함께 넣어주셔도 됩니다.)

4. 냄비에 코코넛 오일을 두르고 닭간과 닭가슴살을 볶아 줍니다.

5. 고기의 색이 변하면 양배추와 당근, 물, 토마토를 넣고 중불에서 10분 정도 끓여주세요.

6. 마지막으로 브로콜리를 넣고 조금만 더 끓여줍니다.

7. 미지근한 온도로 식혀 아이들에게 급여해주세요.

닭간 토마토 스튜

따뜻한 봄날, 세상은 밖으로 나오라고 노래하지만, 소리 없이 찾아온 불청객이 있습니다. 봄이면 찾아오는 지긋지긋한 그 녀석, 미세먼지입니다. 이 녀석 걱정으로 실내에만 있자니, 나갈 생각에 들떠 있는 강아지들의 시선을 외면하는 게 쉽지 않죠. 이럴 땐, 닭간 토마토 스튜로 고민을 덜어보세요. 비타민과 무기질이 풍부한 닭간은 체내 노폐물과 미세먼지 배출에 탁월한 효과가 있어요. 게다가 토마토는 면역력을 높여 황사로부터 폐 건강을 지켜줍니다. 열심히 뛰고 온 강아지의 건강을 이 든든한 한 끼로 챙겨주는 건 어떨까요? 우리 강아지들은 올봄에도 맘껏 숨 쉬며, 더 오래 뛰어놀아야 하니까요.

Spring Health Sweet Jelly Recipe

Recipe

Pumpkin & Red Bean & Sweet Potato Jelly

Servers

5-6 medium sized dog

Preparation Time

60mins

Reference site

https://www.maeilmaeil.kr/

Ingredient

단호박 150g

고구마 150g

볶은 팥가루 50g

물 600g

한천가루 10g

꿀 조금

천연가루(백년초, 캐롭, 비트 등)

1. 물에 한천가루를 넣어 20-30분 불려주세요.
2. 단호박, 고구마는 찐 후 채로 내려 곱게 만들어주세요.
3. 볶은 팥가루에 물을 넣어 걸쭉한 앙금을 만들어줍니다. (팥을 쪄서 사용하실 경우, 하루 정도 찬물에 불려줍니다.
   불린 팥물은 버리고 팥을 헹군 후 다시 물을 받아 푹 삶은 뒤 갈아서 사용하시면 됩니다)
4. 한천가루를 불린 물 1/3에 단호박을 넣고 잘 풀어준 후, 중불로 잘 저어가며 끓여주세요.
   걸쭉한 상태가 되면 불을 끄고 양갱 틀에 부어줍니다.
5. 고구마, 팥도 같은 과정으로 만들어주세요.(고구마+한천 물에 백년초 가루를 섞으면 고운 분홍색 양갱이 만들어져요)
6. 냉온에서 2시간 정도 굳힌 후 몰드에서 떼어내면 됩니다. 블루베리, 로즈마리, 말린 오렌지 등을 함께 데코 하면 완성!

3색 양갱

겨울철 활동량이 줄었을 강아지들에겐 남 모를 고민이 있습니다. 이전보다 몸이 조금 무거워진 깃 같은데… 늘어나는 몸무게는 반려인의 사랑에 비례하지만, 건강엔 반비례할 수 있는 데요. 지금 이 순간 필요한 건 바로 운동과 식단 조절이죠. 영양과 건강을 다 잡을 수 있는 식사를 고민한다면, 이 삼색 양갱은 어떨까요. 너무 달아 보일 수 있지만 단호박, 팥, 고구마로 만든 이 양갱은 보양식입니다. 칼로리가 낮고 식이 섬유는 풍부해 다이어트에 적합한 데요. 사용된 재료들은 해독작용과 체내에 쌓인 독소 배출에도 효과적이죠. 이 귀여운 양갱 하나로 몰통 호흡기 건강과 다이어트, 어느 것도 놓치지 마세요.

Maeil Maeil

매일매일 펫푸드

'공장에서 생산한 간식과 사료, 정말 괜찮을까?' 우리가 한 번쯤 해봤을 이 익숙한 고민을 김성희 대표도 가지고 있었다. 자연스레 관심은 수제 먹거리로 이어졌고, 반려견들이 매일매일 건강하고 행복하게 함께하기를 바라는 마음에서 <매일매일>이 탄생했다. 먹거리의 기본은 식재료다. 먹는 것이 건강과 직결되고 약이 될 수 있기에 매일매일은 친환경 식재료 선정에 엄격하다. 특히 자랑할 수 있는 건 제주도에서 방목해 키운 말고기로, 맛과 영양이 뛰어나 반려견들에게 인기 만점이라고. 오랜 시간 준비한 '수비드 화식'이 곧 오픈될 예정이고, 반려동물에 관한 다양한 고민을 풀어갈 수 있는 문화 프로그램도 준비 중이다. 오늘도 맛있고 건강한 하루, 매일매일과 함께라면 먼 이야기가 아니다.

글·사진 김성희 <매일매일> 대표 @maeilxmaeil / **에디터** 강해인

THE HAPPIEST DOG IN THE WORLD

세상에서 가장 행복한 강아지

현재 수달이는 나만의 귀여운 스토커가 되었다. 여전히 사람에 대한 경계는 남아있지만 적어도 나를 향한 수달이의 두 눈엔 진실된 사랑과 깊은 신뢰가 느껴진다. 그 눈빛을 보고 있노라면 수달이에게 나의 존재가 세상의 전부임을 실감한다. 1년 전, 겁에 잔뜩 질린 어린 눈동자와, 내 품에 얼굴을 파묻고 무서워하던 모습을 기억한다. 고작 1kg 밖에 나가지 않는 작고 여린 아기 강아지였다. 추운 겨울 한 달 가량 보호소에서 차디찬 바람을 다 맞고 있었다. 왜인지는 모르겠지만 아무도 수달이에게 관심을 가져주지 않았다. 도깨비 풀이 잔뜩 묻은 상태로 겁에 질려 웅크리고 있는 공고 사진을 보고 도저히 외면할 수 없었다. '너에게 꼭 좋은 가족을 찾아줄 거야.' 그렇게 수달이를 만나게 되었다.

글·사진 오은정 @ohsushu / 에디터 조문주

2020년 1월 10일, 우리 집에 온 첫 날. 춥고 열악한 보호소에서 생활했던 수달이는 우려대로 건강이 좋지 못했다. 감기를 제때 치료해 주지 못해서 번진 폐렴부터 코로나 장염까지. 이렇게 작은 몸으로 혼자 아파했을 아이를 떠올리니 마음이 아려왔다. 그뿐만 아니라 세상에 태어난 이후로 사람과의 접촉과 교감이 전혀 없던 수달이는 나에게 쉽사리 마음을 내어주지 않았다. 24시간, 소파 아래에서만 지냈다. 그런데 밥과 물도 포기한 채 숨어있던 수달이가 어느 날 조심조심 내 옆에 다가와 잠을 잤다. 그날은 아마 수달이가 태어난 이후 가장 편안하게 잠을 잔 날이었을 거라 생각한다. 드르렁 코까지 골면서 자는 모습이 사랑스럽기도 하면서 한편으론 찡한 마음이 들었다. 아마 나는 그때 수달이의 평생을 책임지고 싶다는 생각을 했던 거 같다. 두려움에 떨던 첫 산책 날에도

수달이는 나에게 안겨 떨어지지 않으려 발톱에 힘을 잔뜩 주었다. 바깥 세상이 처음이라 낯선 환경에 떨던 모습이 아직도 생생하다. 1년의 시간이 흐른 지금, 산책이라는 단어만 들려도 신이 나 엉덩이를 신나게 흔드는 모습이 얼마나 귀여운지 모른다. 나에게만 보여주는, 다른 사람들에겐 보여주지 않는 발랄한 모습들이 많다.

유기견이라고해서 문제가 많을거라는 인식들이 사라지길 바란다. 상처를 받은 아이들에겐 시간이 조금 더 필요할 뿐이다. 강아지에게 문제가 생기는 건 대부분 사람에 의한 문제일테니까. 강아지들은 받은 만큼의 사랑 그 이상을 돌려주는 존재들이라는걸 수달이와 함께하며 실감하고 있다. 임시보호는 봉사의 개념이고 개인의 가치관이나 환경, 조건에 따라 다를 수 있다. 그렇지만 유기견 입양에 대해선 확실하게 말할 수 있다. "사지 말고 입양하세요."

Hello, I'm Kkami
I'm Looking For
My Family

까미오 / 3살 / 31.1kg / 래브라도 리트리버

"저는 잇몸까지 까만색이에요. 너무 멋있죠? 목 부분과 빰, 발엔 매력적인 하얀털도 있어요. 사람을 너무 좋아해요. 집에서 엄마를 졸졸 쫓아다니다가 발이 밟힌 적이 있을 정도로요. 산책과 노즈워크 공부가 끝나고 나면 조용히 누워서 쉬는 걸 좋아해요. 집에 초인종이 울리면 반갑기도 하고 조금 경계도 되지만 짖지 않아요. 아마 이웃들은 제가 있다는 사실조차 모를 거예요. 실내에서는 엄청 점잖거든요."

저와 남편은 2014년 결혼한 국제커플이에요. 아이가 없는 딩크족이랍니다. 2018년 1월, 지구를 위해 그리고 지구에서 살아가는 소중한 생명들을 위해 저희 부부는 비건이 되었어요. 평소 반려견과 함께하는 삶에 대해 고민이 많았지만 알레르기도 심한 데다가 반려견을 맞이하게 되면 사료나 간식 등의 이유로 다른 동물들이 희생될 수도 있다는 생각이 들었어요. 그러던 와중에 우연히 생각보다 많은 강아지가 기회가 제대로 주어지기도 전에 안락사를 당한다는 사실을 알게 되었어요. 그 이후부터 한 생명이라도 더 도와주고 싶다는 생각이 들더라고요. 유기견 입양을 고민하던 제게 남편이 유기견 임시보호를 추천했고 그렇게 <포인핸드>를 열심히 눈여겨보던 중 우연히 까미를 보게 됐어요. 물론 처음부터 까미 같은 대형견을 생각했던 건 아니었어요. 그런데 한국에서는 대형견들의 입지가 소형견에 비해 비교적 많이 좁고 특히 까만색의 대형견은 사람들이 꺼린다고 하더라고요. 최근 몇 년 뉴스에서 꾸준히 보도된 대형견 물림 사고에 의해 사회에는 대형견에 대한 막연한 불안감이 조성되어 있잖아요. 까미 같은 친구들은 얼마나 기회가 주어지기 힘들지 감히 짐작할 수도 없었죠. 그래서 임시보호를 하게 된다면 그런 친구들에게 기회를 주고 싶었어요.
까미가 저희 부부의 삶에 들어온 순간부터 매일이 놀라움의 연속이에요. 지금껏 입양을 가지 못한 것이 이해가 가지 않을 정도로 실내에서도 잘 지내는 친구예요. 충분히 놀아주고 선을 정확히 그어주니 놀라울 정도로 차분해졌어요. 산책을 하루에 두세 번씩 하면서 흥분도가 많이 낮아졌고, 익숙지 않은 상황에서도 보호자의 목소리를 듣기 시작했어요. 머리도 무지 똑똑해서 뭐든 가르쳐주면 금방 배우는 편이에요. 최근 하우스 연습을 했는데 한 시간만에 터득했다니까요. 물론 본인이 들어가기 싫을 때 들어가라고 하면 망설이며 한숨을 푹 쉬지만요(웃음).

까미는 아직 눈을 쳐다보면서 의사소통하는 것이 조금 서툴러요. 보호소에서 일생을 보내며 사람들과 지속적인 관계 맺음이 부족했던게 아닐까 짐작해요. 그래서인지 다른 강아지 친구들과 젠틀하게 인사하는 방법을 아직 몰라요. 그래서 산책을 나가면 이런 외부 자극들이 너무나 크게 다가와서 줄을 당기곤 해요. 조금씩 좋아지고 있지만 더 연습이 필요해요. 까미는 타고난 사랑둥이라 사랑이 고픈 강아지예요. 만져달라고 할 때 고개를 밑으로 푹 숙이고 만져달라고 애교를 부려요. 저희와 같이 생활하면서 감정 표현도 풍부해지고 있어요. 고개를 번쩍 들고 눈 맞춤하는 횟수가 점점 늘고 있죠. 꼬리도 붕붕 헬리콥터를 자주 그리기 시작했고 활짝 웃는 모습, 실내에서도 껑충껑충 점프하면서 좋아하는 모습을 보여준답니다.

이 모든 변화가 단 몇 주 안에 이루어졌으니 앞으로의 변화는 더 눈이 부시겠지요. 보호소에서 지내면서 모든 접종은 마쳤으나 지난해 11월 진행한 중성화 프로젝트 직전 아쉽게도 심장 사상충 검사에서 양성이 나와 중성화 수술이 미뤄졌어요. 3월에 검사를 받고 중성화 수술 진행 예정입니다.

현재 까미는 100% 실외 배변을 하다 보니, 앞으로 까미와 함께하게 될 가족들은 적어도 기본 아침저녁으로 충분한 산책을 시켜주셔야 할 거예요. 넘치는 힘과 에너지를 가진 친구라 책임감을 가지고 꾸준히 산책 훈련을 해주실 수 있는 인내심과 시간도 필요합니다. 집에 혼자 있다고 해서 분리불안이 있거나 하지는 않지만 혼자 장시간 집에 있는 것을 좋아하는 반려견은 없을 거라 생각해요. 저희처럼 가족 인원 중 한 분은 재택근무를 하거나 집에서 상주하시는 환경이었으면 좋겠어요.

글·사진 윤연희 @tinylittle_moments / 에디터 조문주

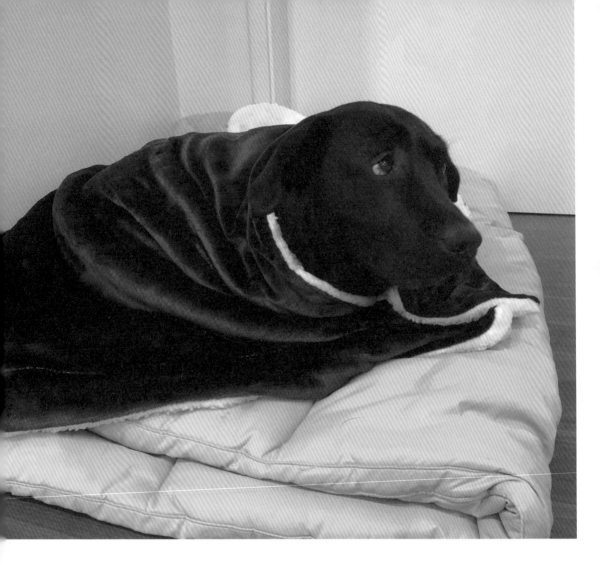

까미와 밖을 나가보면 여전히 우리나라는 대형견을 향한 두려움이 크다는 것을 실감해요. 보호자와 열심히 교감하며 걷는 까미를 보고 겁에 질려 발걸음이 빨라지는 분들을 마주하는 것은 너무나 흔한 일이죠. 간혹 대놓고 무섭다고 말씀하시는 분들도 계세요. 그렇기에 흔들리지 않고 강단 있게 까미를 이끌어주셨으면 해요. 제일 중요한 건 어떤 일이 있어도 끝까지 까미를 포기하지 않을 자신이 있는 분, 생명의 무게를 무겁게 생각하시고 소중히 여기시는 분이었으면 좋겠습니다. 까미는 현재 마석 보호소 소속이며 담당자 분도 따로 계시답니다. 혹시 이 글을 읽고 까미의 입양을 고민하고 계시다면 입양 전 보호소 스태프 분과 자세히 이야기를 나눠 보시고 인터뷰에 응해 주셔야 해요.

사지 않고 입양하는 문화는 지금보다 더 장려되어야 한다고 생각해요. 그 바람직한 물결에 합류하신 모든 분께 진심의 격려 박수를 보내고 싶어요. 멋진 반려견은 멋진 외모나 특정 견종, 출신에서 오는 것이 아닌 바로 보호자가 만드는 것이랍니다.

사지 말고 입양하세요

LET'S MAKE OUR WORLD BETTER TOGETHER

온기를 모아모아

글·사진 애신동산 @aeshindogscats / 에디터 박재림

긴 겨울을 버텨내자 봄이 찾아왔다. 이곳저곳에서 생명의 기운이 싹을 틔우고 있다. 봄은 곧 희망이다. 지난해 12월 새로운 모습으로 독자 여러분께 인사를 드린 mellow 역시 하루하루 봄이 다가올 때마다 희망을 확인했다. 독자님들께서 mellow를 구매할 때마다 쌓인 기부금(권 당 1000원)이 모이고 모여 봉긋한 꽃망울이 되었다.

12월호에서 예고한 것처럼 mellow 기부금은 유기동물 보호소 <애신동산>으로 지난 2월 전달되었다. 애신동산은 경기도 포천의 사설보호소로, 2022년 1월 기준 유기견 410여 마리와 유기묘(들고양이 포함) 30여 마리를 돌보고 있다. 30년 전 문을 연 이곳은 한때 개체수가 1200마리를 넘기는 등 제대로 운영되지 못한 시기도 있었지만 2010년 초반부터 봉사자들이 보호소 운영에 관여하면서 최악의 상황에서 벗어날 수 있었다. 전체 개체수의 80% 이상이 10살이 넘는 노령견·노령묘로 건강 문제가 가장 큰 걱정인 가운데 이번 mellow 기부금은 애신동산의 강아지 '귀순이'와 고양이 '은비'의 병원 치료비로 사용되었다. 12~14살로 추정되는 귀순이는 약 10년 전 포천의 한 교회 뒤뜰에서 사실상 유기견처럼 살아가다 이곳으로 오게 되었다.

2년 전 유선종양 수술을 받은 귀순이는 지난해 12월 발작을 일으켜 병원을 찾았다. 가슴에 찬 흉수가 심장과 폐를 압박하며 숨이 막혀 기절을 한 것. 급하게 흉수를 빼고 산소방에서 나흘 간 입원해 치료를 받았다. 애신동산 권민정 봉사자는 "병원비가 많이 나왔는데 mellow와 독자님들 덕분에 큰 도움이 되었다"고 고마움을 전했다.
다만 흉수가 차는 것은 완치되는 것이 아니라 앞으로도 계속 흉수가 차게 된다고 한다. 지속적으로 흉수 제거 치료를 하는 동시에 노견인만큼 합병증 발병도 걱정해야 하는 상황. 귀순이 후원을 포함한 애신동산의 후원, 입양문의, 봉사활동과 관련된 사항은 애신동산 봉사자모임 홈페이지(https://aeshindongsan.modoo.at)와 카카오 페이지 '애신동산봉사자모임'에서 확인할 수 있다.

한편 애신동산 아이들은 지난해 12월 25일 크리스마스를 맞이해 닭고기 파티를 즐겼다. 봉사자들은 후원 받은 생닭 안심살을 삶아서 강아지와 고양이들에게 먹였다. 또 지난 1월 8일에는 장근석 배우의 공식 팬클럽 <크리제이> 회원들이 애신동산을 찾아 견사청소 등 봉사활동으로 따스한 마음을 전했다.

발행처

(주)펫앤스토리

Publisher

옥세일 Seil Ok

Contents & Editorial Director

김은진 Eunjin Kim

Senior Editor

조문주 Munju Jo
박재림 Jaelim Park

Editor

박조은 Joeun Park
강해인 Haein Kang

Marketer

김은진 Eunjin Kim
강해인 Haein Kang
조문주 Munju Jo

Art Direction & Design

김은진 Eunjin Kim

Designer

김서연 Seoyeon Kim
최형윤 Hyeongyun Choi

Illustrator

오지원 Jiwon Oh

Sales & Distribution

이재호 Jaeho Lee

Management Support

정선국 Sunkook Jung
명신아 Shinah Myoung

Pubilshing

(주)펫앤스토리
도서등록번호 제 2020-00135호
출판등록일 2005년 3월 17일
ISSN 2799-5569
창간 2010년 9월 14일
발행일 2022년 2월 15일

(주)펫앤스토리

경기도 용인시 수지구 신수로 767
분당수지유타워 A동 2102호
767, Sinsu-ro, Suji-gu, Yongin-si,
Gyeonggi-do, Republic Of Korea

광고문의

Hi.kang@petnstory.com
070 8671 3423

구독문의

Hi.kang@petnstory.com
070 8671 3423

Instagram

magazine_mellow